草薙龍瞬
Ryushun Kusanagi

消えない悩みのお片づけ

ポプラ新書
241

はじめに

「悩み」っていったい何でしょう？　考えてみると、ナゾの多い言葉です。

たとえば、相手に思いが通じない。何を考えているのかわからない。

仕事の成果が上がらない。大ミスをしてクヨクヨと落ち込んだ。

新しい環境になじめず、気分がウツ気味（思いきって外に出かけたらサイフを落としてしまった！）。

大昔の失敗をいまだに悔やんでいる。過去を振り返って「もっといい人生があったのではないかなぁ」と一人密かに夢想している。

いつも言いたい放題言われて、ひとことも反論できないでいる。アタマにモヤモヤが漂っている。ストレスが溜《た》まっている。

家族のこと、仕事のこと、毎日義務ばかり背負って、自分が楽しいことなんてほとんどない――。

これくらいにしておきましょう。とにかく、「悩み」はひとによってちがうようです。

ひとの数だけ悩みがある、というのが真実でしょう。だとしたら、「悩みを解決する本」なんてありえないようにも思えます。ひとの数だけある悩みを、一冊で解決できるはずがない――。

実は、著者である私自身がそう考えたのです。

僧侶である私のところに、この本の企画が舞い込んだのは、日本に戻ってきた最初の春のことです。

「悩みを抱えてうずくまっているひとの背中を、そっと押してくれる本を」とお話をいただいたのです。

「そんなのムリですよ」というのが最初の感想でした。「悩み」がいかに数多く、重たく、捉《とら》えどころのないものか、僧侶としてのふだんの活動を通じて身に沁みていたからです。

ただ――ふと考えてみたのです。

「あのブッダだったら、どんなふうに考えるだろう？」

「ブッダ」という言葉は聞いたこと、ありますよね。仏教を始めたあのひと。大昔のインドで教えを説いたひと。

私は僧侶ですから、ブッダの教えはよく知っています。ブッダの天才ぶり、思いやりの深さととびきりの聡明さ（アタマのよさ）は、学ぶごとに実感しています。

そのブッダだったら、今のひとたちの「悩み」にどう答えるだろう？　と考えたのです。

思いついたのが、「聖なる四つの真理」という教え。仏教の世界では「四聖《ししょう》諦《たい》」と呼ばれています。

――生きて在《あ》ることは苦しみである。苦しみには執着という原因がある。その原因は取り除くことができる。取り除く方法がある。

実に論理的で明快な教えです（これは宗教なんかではありません）。

この教えを「悩み」に応用したらどうなるか？　と考えたのです。

――悩みとは一つの苦しみである。その苦しみには原因がある。

「はて、悩みの原因とは何だろう？」――それが最初に出てきた疑問です。

たいていは「悩んでいる」のひとことで片づけてしまうけれど、その悩みの原因はいったい何？　悩みってどこから来るのだろう？　そう考えてみたのです。

で、悩んでいるひとたちの話を振り返ってみました。〝悩みだらけ〟だったといってよい、出家前の自分の体験も思い出してみました。

すると、面白い〝発見〟があったのです。

「悩みって、五つの種類がある！」

具体的にどんな種類かは本文にゆずるとして、悩みには五つの種類（タイプ）があるのです。まずそれをつきとめる。その上で、悩みの種類ごとの解決策――こう考えればその悩みから抜け出せる――という方法を考える。

そういう段取りで考えを進めていくと、自分でも驚くくらい、ひとそれぞれにちがう悩みをスッキリ整理でき、そこから抜け出す方法がスルスルと出てきたのです。

「どんな悩みでも、解決する方法はある。悩みが苦しいのは、そこから抜け出す方法がわからないからだ」と思うにいたったのです。

悩みを最初に分けてしまって、その悩みがどうやって生まれるかという「しくみ」（理由）を解き明かして、悩みのタイプ別に「こう考えれば抜け出せる」という方法（アイデア）をまとめる——。

そのやり方なら、どんなひとの、どんな状況の、どんな種類の悩みにも答えることができるのではないか。そう閃《ひらめ》いたのです。

その結果、生まれたのがこの本です。

めざしたのは、料理のレシピのように、どんな悩みでも一定のステップ（手順）を踏んでいけば、サクサクすいすいと確実に前に進める方法を明かした本です。

モヤモヤ、クヨクヨ、ウツウツ気分の「悩み」が生まれたら、この本を開いてください。あなたの悩みにストレートに役立つ解決策が見つかるはずです。

本書の特色

ここでこの本の〝売り〟というか（いや、それでは僧侶としての品位を欠きますので）〝魅力〟のようなものを、いくつか挙げたいと思います。

一つは、なんといっても「天才ブッダの教え」です。あの難しく古めかしい仏教ではありません。お経やら墓石《はかいし》やらという悩みを逆に増やしてしまう伝統ではありません。古代インドで爆発的に広がった「心を解放する方法」です。

その内容を、仏教に興味のないひとにも、わかる、役立つように、大幅にアレンジして活かしたのがこの本です。〈禅エクササイズ〉という、「悩まない心を作る」練習方法も紹介しています。

もう一つは、著者自身の背景です。率直に言って、私自身が、悩み多き人間だったのです。自己紹介も兼ねて申し上げると、中学を途中で自主退学、十六歳で家出・上京、夢ふくらませて大学に進んだものの違和感（「なんかちがう」という思い）が募り、社会に出てからも「ほかに生き方はないの？」と自問する日々――結局、行く場所がなくなって、三十代後半で出家したのです。それも日本ではなくインドで。

さまよい続けた半生でしたが、ブッダの教えにめぐり逢ってようやく、「自分はこれでいいのだ」という深い確信を覚えることができたのです。

この本は、悩みを片づけるだけでなく、ほっと一息つける気軽さも、大事にしています。そこで悩み多かりし日々の筆者の体験談も、さし挟《はさ》んであります（切実というより、たぶん笑えます）。

めざしたのは、絵本のように楽しんで、読んだ後には悩みから抜け出す道すじがくっきりと光って見えるような内容です。目標が達成できたかどうかは、ぜひ読者のあなたがご判断ください。

では、スタートいたしましょう。

草薙《くさなぎ》 龍瞬《りゅうしゅん》

消えない悩みのお片づけ／目次

第2章 さあ始めよう！ 悩みのお片づけの基本をマスターする　73

第3章　悩みを片づけるための4つの手順　91

イラスト／草薙龍瞬
カバーデザイン／フロッグキングスタジオ
校正／東京出版サービスセンター
ＤＴＰ／三協美術

第1章

私は何に悩んでいる？

〈5つのラベル〉で悩みの正体をつきとめる

最初の一歩は、悩みの正体をつきとめること

悩みとは、捉えどころのないものです。

いろんな感情や考えが入り混じって、どう考えたらよいかわからない。

だからフリーズしてしまうのです。しかも長く続きます。

病気なら、病名を特定してから治療に入りますね。

悩みもまた、その正体を明かしてから解決策を考えるのが、正しいステップです。

まずは、〈五つのラベル〉で、今の自分が抱えている悩みを整理整頓してしまいましょう。
①期待、②思い込み、③怒り、④迷い、⑤妄想――の五種類あります。
悩みにラベルを貼ってしまう――これが悩みのお片づけの第一歩です。

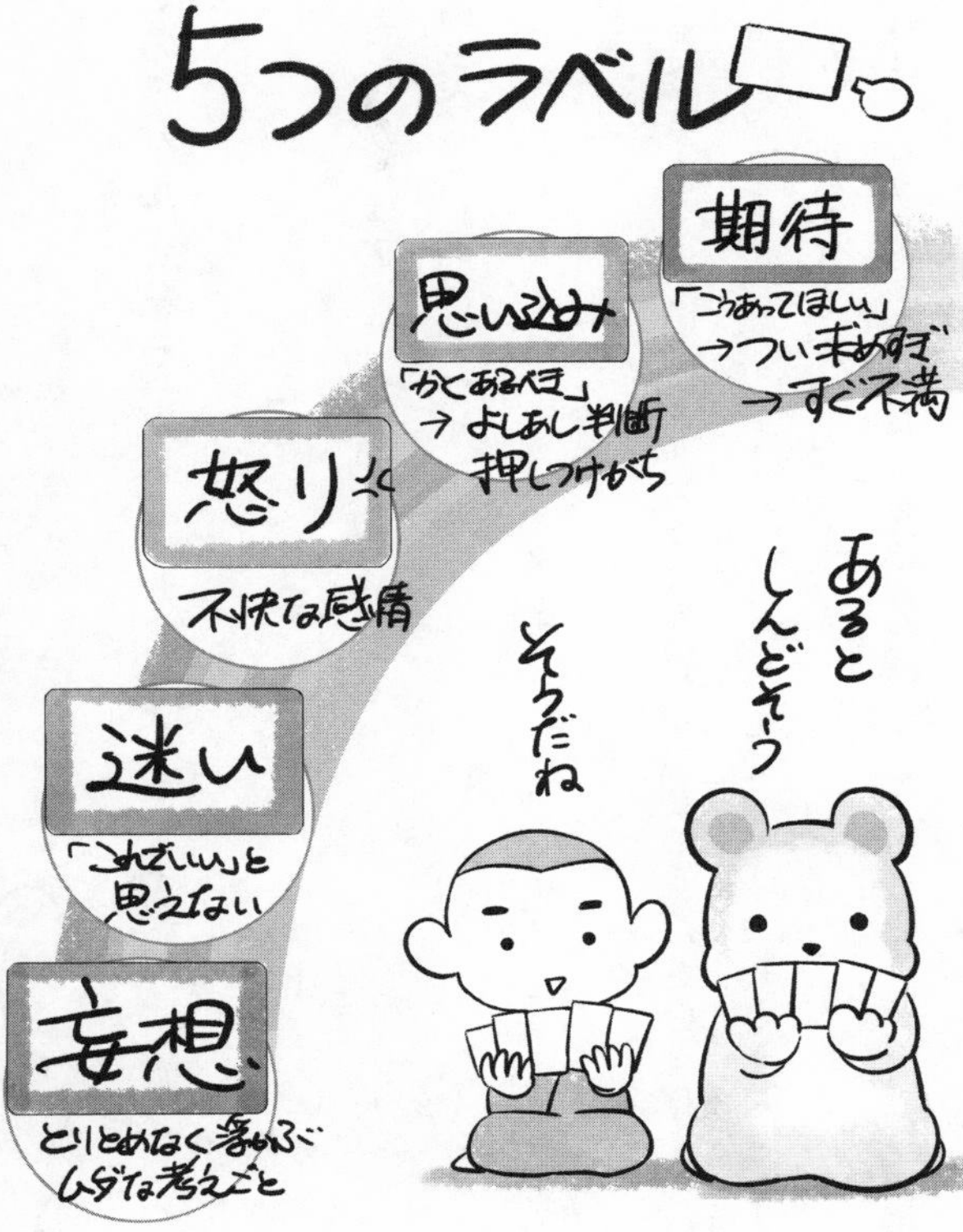
5つのラベル
期待
「こうあってほしい」
→つい求めすぎ
→すぐ不満
思い込み
「かくあるべき」
→よしあし判断
押しつけがち
怒り
不快な感情
迷い
「これでいい」と
思えない
妄想
とりとめなく浮かぶ
ムダな考えごと
あると
しんどそーう
そうだね

〈期待〉のラベルを貼る

期待が生む悩みとは?

最初のラベルは〈期待〉です。

期待というのは、平たく言うと「願いごと」――かなうと嬉しい願望は、みな〈期待〉です。

たとえば、子どもの頃のクリスマスを思い出してください(覚えていますか?)。サンタさんのプレゼントを心待ちにして、ワクワクしていましたね?

――たぶん一番わかりやすい期待です。

できれば、どうせなら、「お金を稼ぎたい」「たくさん買いたい」「相手とうまくやっていきたい」「よいひと(できるひと)と思われたい」という願望も、

期待です。

期待がかなったとき、「嬉しい」「楽しい」「最高」「ハッピー」と感じます。

希望通りの学校・会社に入れた、念願の旅行やコンサートに行けた、仕事で成果が出た――ときは、嬉しいものですよね。

期待がかなわないと悩む

問題は、期待がかなわないときです。いろんな悩みが生まれます。

「がっかり」「ショック」「悲しい」「最悪（最低）」「ひどい」は、期待がかなわなかったときの言葉です。

失望（絶望）や、「なんでこんなことに？」という嘆きなども、期待が裏切られたときに湧く感情です。

「きっとうまくいく」と期待しすぎると、ショックも大きくなります。事故に遭った、病気になった、浮気された（離婚した）、試験に不合格になった、仕事を失った、などの大きな出来事に襲われたときです。

好かれたい・評価されたいと期待していると、ミスや失敗に落ち込みます。上司に叱られたり、大事なひととケンカしてしまったりしたときです。

さらに、期待がかなうかどうかわからない将来についても、思い悩みます。「失敗したら」「断られたら」「叱られたら」「うまくいかなかったら」どうしようと考えて、不安・心配がふくらんでしまうときです。

期待に気づく

こうした悩みから抜け出すには、まず自分のありのままの期待に気づくことが出発点になります。

今、自分の中にどんな期待があるか、たしかめてみましょう。

目を閉じて、誰かのことを思い浮かべてみます——家族？　異性？　職場の上司や同僚？　友だち？　そして自分自身？

そのひとたちに、自分はどうしてほしいと期待しているのでしょう？　何をしてくれたら嬉しい（満足できる）のか。自分はどうなりたいのか。

「（そのひとに）こうしてほしい」「こう変わってほしい」

「（自分は）こうしたい」「こうなりたい」

自分の期待を一度はっきりと言葉にしてみましょう。

「私は〜したい」「こうなってくれたら満足だ」と。

その素直な願望が〈期待〉です。「この思いは〈期待〉です」と、ラベルを
ぺたりと貼ってしまいます。

過去への期待に気づく

期待は過去にもあります。

仕事でミスして周りに迷惑をかけてしまった（評価を落とした）と落ち込んでいるときは、「仕事で認められたかった（評価されたかった）」という期待があったということです。過去の期待が残っているのです。

「あんなこと言う（する）んじゃなかった」と悔やんでいるのなら、そのひととのよい関係を期待していたのです。

親に（あのひとに）もっとわかって（愛して）ほしかったという気持ちもまた、過去の期待です。

受験・進学や仕事選び、自分の人生について「あのときこうしていれば」「本当はこうなりたかった」という思い――後悔や未練、失敗・挫折感など――は、過去への期待ゆえの悩みです。

こうした思いにも〈期待〉というラベルを貼ってしまいます。ただし過去の期待です。

「過去、私はこんな期待を持っていた（まだ残っている・引きずっている）」という意味で、〈期待（過去）〉と書いたラベルをぺたっと貼ってしまいましょう。

〈期待〉のラベルを貼る

ここで、気をつけたいこと――。

自分の中の期待を、「こんなことは願ってはいけなかった」と否定しないようにしてください。

「願った自分がバカだった」とか「無駄なことをした」「裏切られた」「いや、そんな過去はなかった」……と打ち消す（思い悩む）ことも、やめましょう。

これは単純な整理整頓です。胸の内でこっそりと、「こんな期待があったんだ」と、事実を認めるだけでよいのです。

そして、そっと〈期待〉というラベルを貼ってしまいます。それ以上に考えないようにします。

ここで悪あがきして、期待を打ち消そうとか、無理やり意味を見出そうとすると、悩みが片づかなくなります。思いがこんがらがって、ワケがわからなくなるのです。

「これは期待だ」とわかれば、期待にぴったりの片づけ方が使えます。自己流ではなく、お片づけのプロフェッショナル、ブッダに聞いてみるのです。

その最初の一歩が、整理整頓——まずは〈期待〉に分類することなのです。

坊のこばなし　期待が楽しかった頃

この本の本編が格調高い悩みの解決法だとすれば、このコラムはカジュアルな雑談（もっと言えば脱線）です。

あなたにとって、人生で最も期待がマックス（最大値）だった時期は、いつ頃でしょうか。私の場合は、大学に入った頃でした。

大学に入ったことを実感したのは、気恥ずかしい話ですが、初デートのときです（こんな話をしていいのでしょうか）。

相手は大学で知りあった女子で、最初に訪れたのは横浜でした。桜木町から港の見える丘公園をへて、外国人墓地などがある瀟洒《しょうしゃ》なスポットをまわる定番のコースです。

東京駅から東海道線で横浜に向かいました。車内で彼女が作ってくれた手弁当を一緒に食べました。

味はほとんど忘れてしまいましたが、向かい席に〝大学生の女子〟が座っていて、一緒にお弁当を食べているという絵に、破格の感動を覚えたのです。

というのも大学に入る前の私は、十六で家を出て以来、東京で独りきりの生活をしていました。

大学受験の一年前まで、印刷会社で夜勤のバイトをしていました。職場のひとたちは、若くても四十代、中には定年退職後に入ってきたひともいました。

自分の親にも近い年齢の大人たちと弁当を食べながら、いろんな仕事の話を聞くことが楽しみでした。

上京した頃は、話し相手もいないし、学校のような通える場所もありませんでした。新宿歌舞伎町の界隈《かいわい》を夜な夜なふらついていました。

その当時出会ったひとたちの人生――まだ具体的には語れませんが――を通して、この世の中には、居場所がなくて闇の中をさまよっているような人生、誰か（特に肉親）に虐げられて心に深い傷を負っている人生など、さまざまな切なくつらい生きざまを見たような気がしました。

東京での三年間は、独り「何者《なにもの》でもない」日々でした。ひとに悲しみを強いるこの世の中を変えていこう、そのために学問をしよう、と決意して、大学をめざしたのは十八の春でした。

大きな期待を持って、大学に進んだのです。

横浜を訪れたのは、そうして入った大学一年の春でした。ようやく世の中に居場所を見つけた思いでした。それまでつきあってきた大人たちよりはるかに若い級友にとまどいさえしました。バカみたいな話ですが「こんなに若い女子と弁当を食べている」ことにも感動したのです（オッサンかい）。

長かった孤独が、明るい期待に一気に塗り替わったかのような春でした。

あの頃の期待がかなっていたら、私は別の人生を生きて、家庭も持っていたかもしれません。

実際には、そうはなりませんでした（笑）。

期待ゆえに深く失望し、葛藤し、思い悩みながら、暗く長いトンネルを再びくぐることになります。

人生に光が見えたのは、やはりブッダの教えにめぐり逢ってからです。

〈思い込み〉のラベルを貼る

思い込みが人生を狭くする

二つめのラベルは〈思い込み〉です。「こうでなければ」「こうに決まっている」（それ以外はおかしい、許せない）という決めつけ・判断と言い換えることも可能です。

あるお母さんは「子どものことがわからない」と相談に来ました。子どもが家で荒れてどうしようもないと言います。

「ゆうべなんか、『うるさい！』とすごい剣幕《けんまく》で怒鳴るんです。あの子が何を考えているのか、もう私にはわかりません（泣）」

「それは――『うるさい！』と考えているのですよ（なんてわかりやすい）」

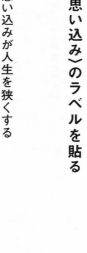

「……（母、沈黙）」

こんなふうに「ひとがわからない」悩みには、たいてい思い込みがあります。

「ウチの子は素直ないい子」「（あのひとは）こんな性格」「相手はこう動くはず」と決めつけてしまうと、人生に摩擦・軋轢《あつれき》が生じやすくなります。

要するに思い込みは、人生の幅（可能性）を狭くしてしまうのです。

〈思い込み〉が悩みをもたらす場合は、大きく三つあります。

①自分を縛る思い込み、②人生を狭くする思い込み、そして③他人を束縛する思い込みです。

①自分を縛る思い込み

もしなんでも言いたいことを言える、やりたいことをやれるひとがいるとしたら、その人に縛りはありません。完全に自由です。

ところが、心は「言ってはいけない、やってはいけない」とブレーキをかけることがあります。本当は言ってもいい・やってもいいことなのに（実際にそうしているひともいるのに）、自分にはできない――「こんなことをしてはダメ」という縛り（思い込み）があるからです。

ひとによっては、思い込みが激しくて（すっかり慣れていて）、「これは自分の思い込みだ」と気づかないこともあります。

こうした人は、本当は言いたいこと・やりたいことがちゃんとあるのに、すぐフタをして（我慢して）しまいます。結果的に、ストレス・モヤモヤを抱え込んでしまいます。

その原因は、さまざまです。口うるさい親にいつもダメ出しされてきたとか、過去に恥ずかしい思いをしたとか。結果的に、次のようなパターンが出てきます。

○つい遠慮してしまう――「こんなことを言ったら（したら）失礼かも」「迷惑をかけるかも」「笑われるかも」と判断して、言えない、聞けない、動けない状態になってしまう。
○きっと叱られる・嫌われる、とネガティブな想像をしてしまう。ひとのリアクションが恐くなる。人の前で緊張してしまう。
○自分にはそんな資格・実力がない、自分はまだまだ（めっそうもない）と、否定する。気後れしてしまう。

こうしたパターンに身に覚えがあるひとは、こう考えてみてください。

「ほんとは、言っていい・やってもいいことなんだろうな。でも思い込みが強すぎて、そこまで行けないんだよな」

「たぶん、思い込みなんだ。これが、自分の心を縛っているんだ」

そこまで思えたら、〈思い込み〉というラベルを、そっと貼ってみてください。

②人生を狭くする思い込み
○「人生はこうでなければ」「こうあるべきだ」（そうならないと、人生失格。

失敗。意味がない）という〈思い込み〉を持っているひともいます。

たとえば、理想が高すぎて、自分も他人も物足りない、今の生活がつまらないと思うひとです。特に過剰な上昇志向（エラくなりたい願望・虚栄心）を捨てきれないひとは、そのイメージに及ばない今の自分を否定します。

いわば、自己疎外（自分をみずから仲間外れ扱い・排除してしまう）です。
○プライドが高すぎて、素直になれない・自分をさらけ出せないひともいます。
完璧主義、潔癖症、頑固、生真面目、高慢（お高くとまっている）など、いろんな言い方が可能です。
○結果の先読みタイプのひともいます。「やってみたいけど、失敗が恐い」「絶対成功するという保証がない限り、やりたくない」「恥をかきたくない」と、あらかじめブレーキ（自己検閲）をかけてしまうのです。
こうしたパターンにも、さまざまな原因が隠れているものです。単純に思い込みが強い（その思い込みをひっくり返すような体験をする機会がなかった）

とか、異常にプライドが高いとか。過去に否定されたトラウマ（警戒心・恐怖感）があるとか。

思いきってやってみたら、案外できるかもしれないし、もっと素直に自分を出しても、誰も何も言わないかもしれないのに、なんらかの思い込みがあって、新しい行動や体験を、みずから拒んでいるのです。

なお、これからの人生（未来）は、「やってみる」という新たな体験だけです。未来（生きる）とは、単純に体験すること——その素朴な可能性に飛び込んでいけないのは、今の自分を縛っている思い込みがあるからです。

「これも、私の思い込み？」

「これが、自分の人生を狭くしてしまっている？」

と考えてみてください。「そうかもしれない」と感じたら、〈思い込み〉というラベルを貼ってしまいましょう。片づけ方は、のちほど紹介します。

思い込み縛り
3連発
〜に決まってる
しんどそう
人生こうでなくちゃ
そう？
みんなもこうすべき
やめてー

③他人を束縛する思い込み

他人（相手）を束縛する思い込みは、特に要注意です。相手に「こうしてくれ」「こうしなさい」と、やたら指示・命令するひと。相手を放っておけない（いちいち口を出さないと気がすまない）ひと。相手が隠れて悪いことをしているのではないかと疑心暗鬼になって、スマホを調べたり、探偵を雇ったりするひと――ここまでくると、心のビョーキです。

他人に向ける思い込みは、「悪魔のささやき」と理解してください。いったん思いが湧くと、ムクムクと広がって、四六時中、相手のことを「今頃こんなことをしているのでは、言っているのでは、考えているのでは」と想像して止まらなくなります。軽いものが、噂話や悪口。少し重くなったものが、邪推、嫉妬、猜疑心《さいぎ》。親子や夫婦同士でたがいに向け合う非難（あなたが悪い）や過干渉も、悪魔のささやきの一種です。

思い込みを手放すと？

「もっと私を信頼してください（なぜ信じてくれないの？）」と言われたことがあるひとは、特に要注意です。他人を信頼できないひとは、悪魔のささやき（思い込み）に心が占領されているので、「信頼する」という言葉の意味がわかりません。

信頼するとは、相手の自由を認めることです。ひとが何をするのも、そばにいるのも離れていくのも自由――そう認めることです。

そもそもひとの人生は、ひとの自由です。勝手な思い込みを向ける（縛る）こと自体がおかしい（心のビョーキ）のに、その当たり前のことさえわからないのです。

もっとも、そんなひとでも、「相手とうまくいっていない」（相手が怒っている・自分を遠ざけようとしている）事実くらいは、わかりますよね。そうした現実に直面したひとは、自分がいかに思い込みにまみれているかを、考えてみてください。「自分は、物事が正しく見えていないのかも？」と気づくのです。

〈思い込み〉のラベルを貼る

こうしてみると、日々の自分がいかに思い込みに縛られているか、見えてこないでしょうか。自分を縛り、人生を縛り、相手を縛って、がんじがらめ――ものすごく損なことを、しているのかもしれません。

思い込みの反対が〝自由〟です。自分の思いにフタをしない（否定しない）。人生はなんでもあり（体験することが、生きるという言葉の意味だから）。ひとの人生はひとのもの。好きに生きればいいのだし、自分から離れていくのも自由（私は私）――という縛りのない心境が〝自由〟です。

もちろん悩むこともありません。

どこまで自由（ラクな自分）に近づけるかは、自分次第です。しかし、縛るだけの思い込みは、あまり意味がありません。中には信念や目標といった意味のある思い込みもありますが、それでも苦しくなったら「手放せる」ことが大事なのです。

自分の思い、人生、人間関係――どこかに無理が生じたときは、自分の思い込みを解除することから始めましょう。

「これは、私の思い込みかも」と気づいて、〈思い込み〉というラベルを、自分の心にぺたっと貼ってしまうのです。

坊のこばなし　思い込みが悩みを増やす

まだ私が出家する前の話です。イタリアンレストランで友人と食事をしました。友人は「カルボナーラ」を注文し、私も「同じものを」と頼んで、一緒においしく食べました。

ところが、店を出た後で友人は「カルボナーラが食べたかった……」とぽつりと言いました（え、食べたじゃん？）。

私たちが食べたのは「ペペロンチーノ」だと言うのです（ぺぺ？）。

店のひとが注文を間違えていたらしいのです。

なぜ言わなかったの？　と聞いたら、「なんとなく言えなかった……」と言います。

この友人は、何かを遠慮して、言いたかったのに言えなかったのです。

店員に面倒をかけると考えたのか、うるさく言うとヒンシュクを買うと思ったのか、とにかく「言ってはいけない」と思い込んで、言えなかったのです。

他方、私のほうは、出てきたものを「カルボナーラ」と思い込んでいました。いや正確に言うと、イタ飯どころか食べ物全般にウトい私は（料理にズボラだった母親の影響です）、ペペロンチーノだろうがカルボナーラだろうが、「どうでもよかった」のです。

言ってはいけないという思い込みゆえに、友人はモヤモヤしながら、ペペロンチーノを食べさせられた。他方、思い込みどころか何を注文したかさえ忘れていた私は、犬のように食べて満足していた――。

さて、ここで問題です。

おいしさがわかるが、ストレスも溜まる人生と、思い込みはないが、味がわからない人生と……あなたは、どちらを選びますか？

「なんとなく後者に惹かれます」という人は、出家に向いているのかもしれません（なんのこっちゃ）。

〈怒り〉のラベルを貼る

三つめのラベルは〈怒り〉です。平たく言うと、「不快な感情」です。イライラ・ざわざわから、ムシャクシャ、怒り心頭！　まで、感情の激しさによって分かれます。

怒りは、その方向によって、ひとへの怒りと、自分への怒りに分けることができます。

ひとへの怒り

怒りが他人に向いているときは、あまり悩まないものです。攻撃（他責）モードになっていて、自分に原因があるとは思いもしないからです。

ＩＴ企業に勤める二十代の青年は、「オレの上司はなってない。欠点を数えたら二十では足りない」「このままなら（六度目の）転職もやむをえない」と息巻いていました。見るからに自信満々で、悩みはなさそうでした。

こういう怒りは、他責感情ゆえの怒りです。自分ではなく、相手が悪いと思い込んでいるがゆえの怒りです（つまり〈怒り〉と〈思い込み〉の二枚のラベルを貼ることになります）。

また、ひとのことが「苦手」「嫌い」という嫌悪感も、ひとに怒りを向けている状態です。

自分よりも「できる」ひとへの嫉妬や負い目は、「自分を認めてほしい」という〈期待〉が満たされないゆえの怒りです。

怒りを他人に向けるひとは、怒りを感じると同時に、相手を責めることで発散もしています。なので、あまり疲れません（むしろ元気になるひともいます）。

しかし、怒りの感情はくすぶっています。もし冷静に心を見つめれば、怒りの感情が胸の内に渦巻いていることは、すぐわかります。

「今の自分は、あのひとに腹が立っているが、怒りの感情そのものを抱えているのは事実だよなあ」と気づいて、とりあえず〈怒り〉のラベルを貼るというのが、正しい選択です。

「逃げたい」も怒り

なお、その場から「逃げたい」「やめたい」と思うことも、怒りに当たります。

仕事がつらくてやめたい、親がうるさいから家を出たい、学校がつまらないから退学したい、と思うのは、その場にいることが不快（怒り）だからです。

ひとへの怒りは、攻撃か、抑圧（我慢）か、逃避を選ぶのです。

逃げることは、一つの選択肢たりえます。ただ気をつけなくてはいけないのは、ただ逃げる・やめるだけで、次に進まない（逃げるだけで満足してしまう）ことです。

後先考えずにやめてしまったり、自分の部屋を逃げ場にして閉じこもったりするのは、最初の怒りから単純に逃げたということです。しかし、それで解決するわけではありません。

正しくは、〈怒り〉のラベルを貼って、「この怒りの原因は何か？」「どうすれば解消できるか？」と考えることです。その手段として逃げる・やめることは、正解たりえます。

しかし、最も大事なことは、「この怒りから解放されたとしたら、次は何をするか？」に答えることです。

つまり、怒りから逃げるだけでなく、怒りの先へと進むこと。怒りの感情は、途中の障害物に過ぎず、ゴールではありません。

だから怒りを理由に立ち止まるのではなく、「この怒りがなかったら、自分はどう生きたいのか、自分は何をするのか？」を考えることが、きわめて大事なのです。

自分への怒り

二つめが、自分への怒りです。他人への怒りは、わかりやすいですが、自分への怒りは、捉えどころがないものです。「なんとなくつらい、しんどい」「イライラしている」ことはわかっても、「いったい何に、なぜ怒っているのか？」が、見えにくいのです。

これは、我慢することに慣れているひとに、よく見られる症状です。

二十代のある女性は、短気な上司に「せっつかれる」のが悩みだとこぼしていました。上司のそばにいると、いつも焦る。焦りが高じてミスをして、そのたびに叱られてヘコむというのです。

焦りもヘコむのも、怒りに当たります。

正しい処方箋は、「怒りがある」とラベルを貼って、「上司の性格は変えられない」と割り切って、「できる範囲でやるしかない」とハラをくくることです。

でも、真面目な人は、「せっつかれる自分が悪い」「要領の悪い自分が悪い」と思い込んで、一人怒りを溜め込んでしまうのです。

よくあるのは、自己否定グセ（思い込み）ゆえの怒りです。「自分はダメだ」「アレがない自分は価値がない」といった思い込みがあると、すぐ自分を否定して怒りを作り出します。

気が弱くて言い返せなかったり、自分に厳しかったり、過剰に反応してしまう繊細なひとも、怒りを自分に向けてしまっています。

過去を振り返って感じる不快感――挫折、失敗、後悔、未練、「あのときああしていれば、今頃は」という思いも、自分への怒りに当たります。

やり場のない感情、つまり漠然とした憂鬱《ゆううつ》や、何かを失った悲しみも、怒りです。

こうした怒りは、捉えどころがないだけに、最も長引く、また根深い悩みになります。すべて、自分の内に抱え込む、自分への怒りに当たります。

〈怒り〉のラベルを貼る

まずは心を見てください。イライラ、ざわざわ、ピリピリ、ムシャクシャしている心に気づいたら、〈怒り〉（怒りを感じている）とラベルを貼ってしまいましょう。

ここでも、「考える」のは後回しです。他人への怒りか、自分に向けた怒りかも、まだ考えなくてＯＫです。「怒らないようにしよう」と無理したり、「怒ってはいけない」と我慢したりする必要もありません。

こういう無理をすると、いっそう混乱し、消耗してしまいます。いい意味で、ラクにかまえましょう。

怒りは「感情」です。感情そのものは、考えるのではなく、「解消する」ものです。極端に言えば、そっとしておいてあげるだけで、感情は消えていくものです。

だから無理せずに、いったん〈怒り〉とラベルを貼って、流すエクササイズをしましょう。この後出てくる〈禅エクササイズ〉を習慣にすることが、怒りを流す基本になります。
「怒りはただの感情。貼って消すだけ」――そう覚えておきましょう。

坊のこばなし　怒りからの最初の脱出

怒りまくりの半生でした――。

私の故郷は、奈良県の片田舎です。十六歳ですべてを捨てて東京に出てきましたが、その心には、自分をとりまく世界への疑問と怒りがありました。

最初の難敵は父親でした。私の父親は、子どもへの期待値が異常に高い、過干渉な母親に育てられました。ところが進学に失敗して、深い負い目、挫折感を抱え込んでしまいました。

その父は、自分が育てられたのと同じやり方を、子どもに向けてきました。幼い私に小さなことまで干渉してきます。夕暮れどきの部屋で電灯を全部つけるか半分だけつけるかといったことまで細かい注意があります。うっとうしそうな表情を見せると、親をバカにするのかと逆上して暴力をふるってきます。

つねに見張られ、いちいち評価され、感情を表すだけで怒りを買い、暴力をふるわれるという家庭でした。心は緊張して疲れてズタズタでした。家に居場所はない、早く脱出したいというのが実感でした。

中学は関西の進学校でした。教師たちは上の大学をめざせとしか言いません。

制服も、帽子から靴や頭髪の長さまで決まっていて、毎朝、校門と教室とで検査を受けます。朝の八時から午後まで、授業はびっしりです。テストの点数は毎回公表され、定期テストや実力試験では学年順位が廊下に貼り出されます。級友たちは、日を追うにつれて、成績に執着し、周囲をも成績で見るようになりました。一定の成績をキープしないと、教師どころか級友にも白い目で見られます。

まだ中学一年でした。こんな毎日を後何年続けるのかと思うと暗澹《あんたん》としました。成績が上なら満足し、下なら卑屈にならざるをえない。そういう環境に放り込まれていました。

こんな毎日の先に、どんな将来が待っているか——自殺したくなるほどつまらない人間になってしまうだろうと予感しました。そのとき、ふと「比較なくして成り立たない勉強なんて本当の意味はない」と思いついたのです。「成績でひとの上にあぐらをかいて満足するような人間にはなりたくない」という持ち前の正義感もはたらきました。

大学と言えば、社会の入り口だというイメージがありました。それまでに、将来自分が何者として生きていくのか見定めたいと思いました。

そうした思いが固まったのが、中学二年の秋でした。ただ、学校に通う以外に道を知りません。この場所で我慢するしかないのか、と思っていました。

ところが、ひょんなきっかけで、大検（現在の高卒認定試験）という制度を知ったのです。その試験をパスすれば、高校に行かなくても大学を受験できる――これで行こうと決めました。

中三の二学期途中で、学校には行かなくなりました。中学中退です。

新聞配達を始めましたが、奈良の田舎にくすぶっていては、将来は見えてきません。実家に居場所があるわけでもありません。

十六歳の夏に、家出して、一人上京しました。

東京での最初の夏は、自由にあふれていました。もう誰も、何も押しつけてはきません。干渉や競争を強いる大人たちは、もういません。

窓を開けると、夏の夜風が新宿下町の三畳半の部屋に吹き込んできます。

それだけで喜びがこみあげてくるのでした——。

携帯ラジオをつけると、東京弁のパーソナリティが、高校生リスナーの投稿を読み上げていました。自分の知らない地名や高校名が出てきて新鮮でした。東京の高校生はずいぶん楽しそうな学校生活を送っているのだなあ、と羨《うらや》ましく感じました。

自分の心に長く、重くのしかかっていた、すべての不快から解き放たれた夏でした。勉強も、バイトも、自分でやる。自分の将来は、自分で自由に決める——そう決意していました。

その十六の夏が、真実を求めての長い道のりの始まりでした。

〈迷い〉のラベルを貼る

四つめのラベルは、〈迷い〉です。

〈迷い〉とは、次に踏み出せない、今の自分に確信が持てない精神状態です。「このままでいいのか?」という懐疑や、「今のままではいけないが、かといってどうすればいいか、わからない」という煮詰まった心境も、迷いです。「どれを選べばいいかわからない」ことも、選んだ後で「コレでよかったのか、確信が持てない」状態も、迷いです。

フワフワと心がさまよって、これでいいと思えない。生きている実感が持てない。この宙ぶらりん感が、居心地悪いのです。人生全体が迷いであるかのような日々を過ごしているひとも、います。

こうした「これでいいと思えない」胸の内に、〈迷い〉というラベルを貼ってしまいましょう。大事なことは、迷いを引き起こしている原因にさかのぼることです。大きく五つの原因があります。

①満たされなさを感じている

これは、今の暮らし・生活に空虚さを感じている状態です。ぽっかりと穴が空いた感じがします。「つまらないな」「このままでいいのかな？」が、代表的な独り言です。

その背後には、なんらかの苦痛があります。頑張っても報われないとか、本当に望んだ人生ではない（不本意）といった事情です。

とはいえ、次に踏み出せるだけの準備が整っていません。家を出ようにも経済的に余裕がないとか、子どもがいるから離婚できないとか、年齢的に転職が難しいとか、単におっくう（気が進まない）とか。

こういう場合は、今ある満たされなさと、今後の展望（これから何をするか）という二つの問題を分けてください。

「満たされなさがある」という心境を、はっきり自覚することから始めましょう（片づけ方はのちほど紹介します）。

②ネガティブ思考が邪魔している

これは、選ぼうと思えば選べるのに、いざ選ぼうとすると、欠点やマイナスが目について選べなくなってしまう状態です。

モノを買うときに、いいなと思っても、「でもこんな欠点があったらどうしよう」と考えて選べなくなってしまうのです。

何かを買うとき、仕事を選ぶとき、結婚するときも、最初は惹かれるのですが、すぐ「でも待てよ」と身がまえて、粗探しをして、「やっぱりやめた」と思ってしまうのです。

こういうパターンは、自分のネガティブ（ダメ出し）思考が原因です。最初の「いいな」と、その次に来る「いや待て」「でも」というダメ出し思考（思い込み）を分けて考える必要があります。

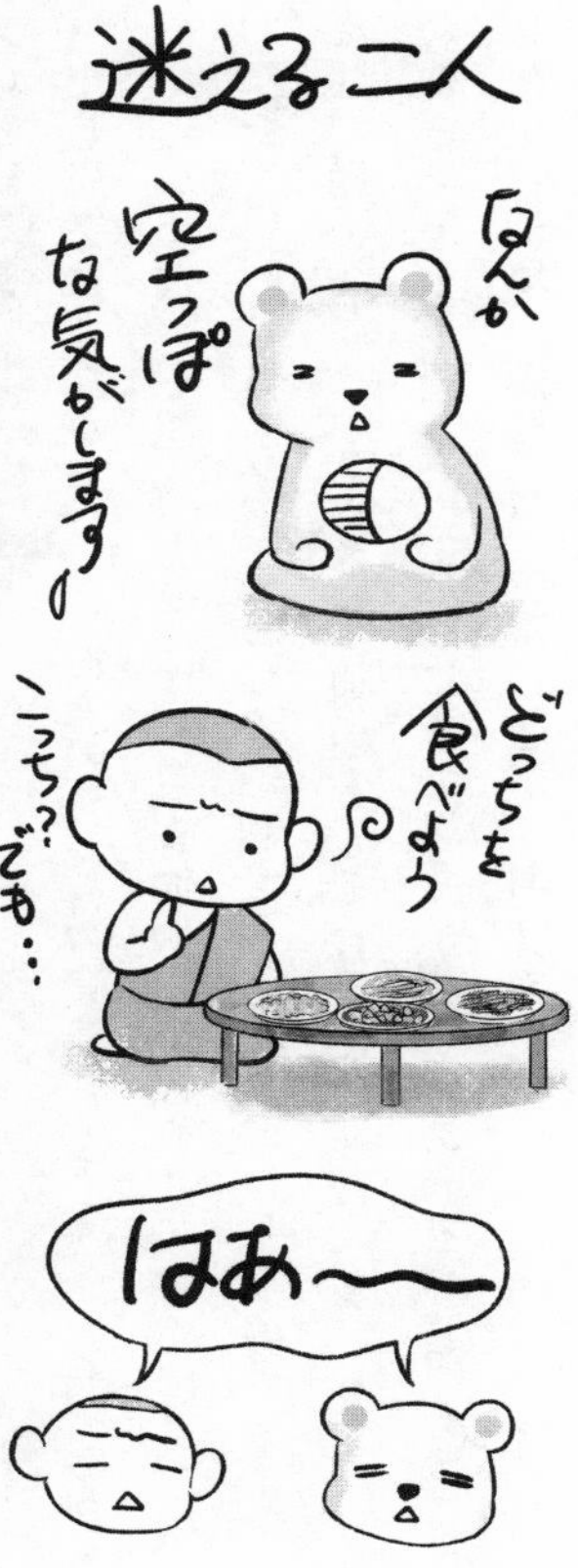
迷える二人
なんか
空っぽな気がします
どっちを食べよう
こっち？でも…
はあ～～

③他人の視線を気にしてしまう

ダメ出し思考に似たクセに、「他人の目を気にしてしまう」ことがあります。自分で「いいな」と思っても、すぐさま他人の視線やリアクションが気になって、「何か言われるかも」「笑われるかも」と遠慮してしまうのです。

これは、過干渉な(口うるさい)親のもとで育ったひとに、多いパターンです。いわゆる「優柔不断」や「過剰にその場所・相手にあわせてしまう」性格も、こうした生育環境が影響していることが、あります。

心当たりがあるひとは、「他人の目」という幻《まぼろし》(いわば妄想)を消していく必要があります。

「私は、すぐひとの目を気にするけれど、これは妄想に過ぎないんだ。自分の気が向くことに手を伸ばしていいし、やっていいんだ」と思い直していく必要があります。

その出発点になるのが、「他人の目は妄想」という気づきです。〈妄想〉そのものは、五つめのラベルとして紹介しますが、まずは「日頃気にしている他人の視線は、自分の思い過ごし（妄想）」だと気づくことから始めましょう。

④欲張りすぎ

「あれもこれも欲しい」と欲張って、一つに絞り込めない迷いもあります。

二人の異性のどちらを選ぶかで迷う。一つの仕事に絞り込めなくて、いろんな世界にクビをつっこむ（いわゆる器用貧乏）――多くのものを手に入れたいし、できると思っているのです。

いわば、過剰な欲望（仏教にいう貪欲）を捨てきれずに、「あれもこれも」を求めてやまない精神状態です。

この状態は、ひとによっては楽しいものです。可能性に満ちているように思える、思い描くだけで胸がときめく。夢多きひとは、幸せかもしれません。

ただし、地に足がついている実感はありません。「これでいい」という落ち着き・納得が得られないのが、「あれもこれも」状態の特徴です。

のちほど明らかになりますが、「自分の人生はこれで間違いない」という納得を得られることが、最高の答えです。「あれもこれも」は、自分探しのプロセスとしてはアリですが、人生の最終ゴールにはなりません。

というのも、人生の時間は有限、一日は二十四時間、アタマは一つ、体は一つ、使える自分は一人だけ——だからです。その中で何を形にして、何をもって満足するかが、究極の（最後に残る）テーマです。

これが現実である以上、「あれもこれも」は、現実から遊離した（これもまた）妄想でしかないのです。

⑤妄想が作り出す迷い

最後に残るのは、妄想が作り出す迷いです。

ここまでに挙げた迷いのすべてに、実は妄想が含まれています（ダメ出し、人の視線、欲張り等々）。ただ、これらは、具体的な「いいな」「欲しい」があったうえでの妄想です。

他方、五つめとして挙げるのは、もっと漠然とした妄想ゆえの迷いです。

ひとことで言えば、「心、ここにあらず」の状態です。すでに家庭や仕事があるのに、「ここではないどこか」を夢想しているのです（歌詞みたいですが）。

「本当の人生は別にあるのではないか」

「本当にやりたいことは何だろうか」

みたいなことを、ずっと考えている。考えているだけ、つまり妄想しているだけの状態です。

大事なことを先にお伝えしておくと、本当にやりたいこと・本当の自分・本当の人生というのは、考えるだけ（妄想するだけ）では、永久にわかりません。

というのも人生は、実際にやってみる・体験することで、はじめて好きとか面白いとか、向いている・向いていないということがわかるものだからです。

つまりは、やってみる・動いてみることで見えてくる答え（実感）こそが、本物なのです。

だから「考えているだけでは始まらない。人生は、やってみるしかないんだ」というところに立ってみるしかありません。

もちろん、うまくいかないことも、ふつうにあります。でもそんなときに感じる落胆やくやしさも含めて、「生きている」という実感になります。その実感の中に、誇りや満足も生まれます。

こうした充実感のほうが、妄想しているだけの状態より、本当は、はるかにリアルで幸せなのです。

〈迷い〉のラベルを貼る

以上五つが、〈迷い〉の中身です。共通するのは、リアルな一歩（まずやってみる）を止めてしまう妄想があることです。

「〜したい、でも」と、気持ちにストップをかけたり、「あれもこれも」と追いかけて、一つに絞り込めなかったり。ときには、何もかもが止まってしまって、一人妄想の時間を延々と過ごすようになっていたり——。

こうした「これでいい」という確信が持てない精神状態に、まるごと〈迷い〉というラベルを貼ってしまいます。

〈迷い〉の中には正解はありません。迷いの中身を入れ替える必要があります。

はたして何に入れ替えるかを、この後一緒に考えましょう。

〈妄想〉のラベルを貼る

最後のラベルは〈妄想〉——事実と異なる考えごと（想像・思考）です。

妄想という言葉はすでにたくさん出てきたので、なんとなくイメージはつかめたと思います。極端に言ってしまうと、アタマの中で考えることは、みんな〈妄想〉に入ります。たとえば、

○「あのとき、ああしていれば」と過去のことをクヨクヨと考えている状態。その思い出している状態——記憶——は、妄想です。

○「この先どうなるのだろう？」という漠然とした不安、「また失敗するのではないか」という恐れ、「もう間にあわないかも」という焦りも妄想です。

○相手の心がわからなくて、「あのひと、何を考えているんだろう」「こんなふうに思われているのかも」と、想像している状態は妄想です。
○そわそわと落ち着かずに、ついスマホに手が伸びる——というのは、典型的な妄想です。ぼんやり妄想しているから、その妄想にカタチを与えてくれる刺激をつい求めてしまうのです。

タネを明かせば、ひとの心は、妄想に始まり、妄想に終わるのです。妄想の中身によって、都合のいい〈期待〉になったり、過剰な〈思い込み〉になったり、収集がつかなくなって〈迷い〉を作り出したりしているのです。

〈怒り〉という感情さえ、一日経ってなお残っているとしたら、「昨日腹が立ったこと」という記憶、つまり妄想が残っているから、続いているのです。

だから、悩みの片づけ方としては、すでに挙げた四つのラベル——〈期待〉〈思い込み〉〈怒り〉〈迷い〉のそれぞれの解決策をまとめたうえで、残ったものをまとめて〈妄想〉として一気に流すにかぎります。

最後に残った〈妄想〉は、もはや悩む価値さえありません。ほかの四つは、まだ調理すれば食べられる食材みたいなもの（活かしようがある）ですが、残る〈妄想〉は、完全な残飯です。地にまくか、ゴミとして捨てるか。「片づけ一択」でキレイにすればいいだけです。

悩みが片づいた！

ついに悩みを整理する〈五つのラベル〉がそろいました。
〈期待〉は、こうなってほしいという願い。
〈思い込み〉は、こうでなければという強い判断。
〈怒り〉は、好ましくないときの不快感。
〈迷い〉は、決めかねていて、落ち着かない状態。
〈妄想〉は、アタマの中でめぐらせる考えごと。
今の心境を見て、自分なりに「コレかな？」と思ったラベルを貼ってみます。
こうして分別・整理整頓することが、悩みを片づける最初の作業です。

これらのラベルの使用上の注意を挙げます――。
一、ラベルには、自分が一番しっくり来る名前をつけましょう。
たとえば、〈期待〉ラベルは、自分の心情にあわせて〈願い〉〈要求〉や〈執着〉と置きかえてかまいません。

〈思い込み〉がピンと来なければ、〈こだわり〉〈わだかまり〉などに置きかえてもOKです。
二、一つの悩みに、複数のラベルを貼ってかまいません。
すでに気づいたかもしれませんが、悩みには、いくつかのラベルを同時に貼れるものがあります。

たとえば、「あのひとはこうあるべきなのに、実際はそうじゃない。それが許せない」という思いは、〈期待〉でもあるし〈思い込み〉でもあります。

「どっちが強いかな?」と考えて、期待か思い込みか、いずれかのラベルを貼ってもよいし、「とりあえず二つとも」貼ってもかまいません。

相手との関係で起きた出来事を思い出して腹を立てるなら、それは記憶という〈妄想〉に〈怒り〉を感じているのです。

仕事のミス一つから、「自分はダメだ」「向いていない」という〈思い込み〉と、自己嫌悪という〈怒り〉と、「評価を下げたかもしれない」という〈妄想〉と、「転職しようかな」という〈迷い〉を生むこともあります。

悩みは多面的です。当てはまりそうなラベルを、ぺたぺたと数枚貼ってかまいません。

ここは、むしろテキトーに、大胆に。大事なことは、ラベルを正確に貼ることではなく、とりあえず貼ってみて、この後出てくる〝ラベルごとの片づけ方〟を試してみることだからです。

とりあえず貼る

第2章

さあ始めよう！
悩みのお片づけの基本をマスターする

悩みが生まれるしくみを知る

自分の悩み・心情を〈五つのラベル〉で整理したら、今度は、実際の片づけ方に入ります。

この章と第3章で取り上げるのは、〈五つのラベル〉に共通する片づけ方。さらに続く第4章で扱うのは、ラベルごとの片づけ方です。〈期待〉や〈思い込み〉など、ラベルごとの片づけ方を先に知りたい人は、第4章から始めても、かまいません。

まず知っておきたいことは、「そもそもこの悩みは、どこからやってきたか？」というルート（原因）です。

たとえば〈砂糖〉というラベルを貼った瓶があれば、中身は砂糖だとわかります。なぜ手元にあるかと言えば、買ってきたか、人にもらったかです。もしこれ以上砂糖はいらないと思えば、買わない・もらわないことで解決できます。

悩みについても同じです。もしこれ以上悩みはいらないと思ったら、〝元から断つ〟必要があります。だからこそ悩みが生まれる原因・しくみをつきとめる必要があるのです。

悩みの最初に欲求ありき

なぜ悩みが生まれるかと言えば、ひとの心は〝欲求〟につき動かされているからです。心には、大きく七つの欲求が組み込まれています。これらの欲求が、あらゆる人生の出発点になります――。

生存欲・食欲・性欲・睡眠欲――この四つの欲求は、すべての生き物にインプットされている本能レベルの欲求です。

感楽欲――目・耳・鼻・舌・肌・脳で、「感覚（刺激）を楽しみたい」という欲求です。映画・テレビ・動画・音楽・グルメ・香水・エステ・スポーツなどの娯楽はみな、この感楽欲を満たすためのものです。

怠惰欲《たいだ》――怠けたい・ラクをしたいという欲求もあります。生きることは負担がともなう（しんどい）ので、その負担を減らしたいという欲求が潜在的にあるのです。

承認欲――これは、「認められたい」「愛されたい」「承認されたい」「評価されたい」という欲求です。

この承認されたいという欲を持つのは、人間だけです（猿にはないそうです）。親・先生に褒められたい、優等生でいたい、職場で評価を上げたい、地位・収入・名声を得たい――これらはみな承認欲のあらわれです。

世の中の「勝ち負け」は、ひとに認められるか否かの競争です。私たちは「認められる」ために生きているといってもよいでしょう。それくらい力を持っている欲求です。

これらの欲求が、私たちが最初から持っている欲望です。仏教にいう「執着」「心の渇き」「貪欲（ないものねだり）」を生みだす根っこのエネルギーです。

欲求が反応を生む

これらの欲求が刺激に触れると〝反応〟が生まれます。

たとえば、レストランでメニューを見ると、食欲で反応して「食べたい」と思います。楽しそうな広告を見ると、感楽欲で反応して「欲しい」「やりたい」と思います。

だからこそ〈期待〉が生まれます。期待が裏切られると、がっかりします。

逆に、欲しくないものには、「いらない」「嫌い」という嫌悪感（怒り）を持つこともあります。

こうした最初期の心の動きが「反応」です。

ひとの心は、外の刺激に触れると必ず反応します。見るもの、聞く音、匂いや味や肌ざわりを感じて、好きとか嫌いとか、欲しいとか欲しくないとか、ふと何かを思い出すといった反応を示します。

反応しなければ悩まない

悩みが生まれるのは、反応してしまうからです。もし反応しなければ、感情も行動も生まれません。当然、悩みも生じません。

となると、悩みを元から断つには、「反応しない」ことがベスト（最善策）ということになります。でも反応しないなんて、できるのか。

できます。「私は反応している」「これは反応だ」と、しっかり自覚すればいいのです。

残念ながら、ひとは日頃ほとんど自分の反応を自覚していません。

なんでも見て、なんでも聞いて――完全に無防備です。全身でいろんな刺激（他人の視線・言葉・態度など）を受け取っています。瞬時に反応して、気づいたときには悩んでいる――それが、リアルな日常です。

「鈍感」という言葉がありますよね。チクリと針で刺されても無反応で、五秒くらい経って「痛い！」と反応するというような……よっぽど鈍い（鈍感・無神経）と思うでしょうが、実は私たち全員が、それくらい鈍感、つまり無自覚かもしれないのです。

さて、こうして生まれる反応には、次のような特徴があります——。

①反応は瞬時に生まれる

無自覚だからこそ、ひとは反応を止められません。

たとえば、「つい」怒って、言わなくていいことを言ってしまって、後で「しまった」と後悔する。

ミーティングの場所が変更になっただけで、「えっ？」と眉間にしわを寄せてしまう（つい表情に出てしまう）。

上司の何気ないひとことに、「ひょっとしてイヤミ？」「バカにされた？」と暗い妄想をふくらませる——。こうした無自覚な反応が積み重なると、イライラ、モヤモヤした気分・感情が増えていきます。繰り返しているうちに、反応がパターン化（習慣化）します。結果的に「いつも何かに悩んでいるひと」になってしまいます。

②反応は外に出る

さらに、ネガティブな反応は、かなり高い確率で外に出ます。

怒ったときは不機嫌そうな顔をするし、憂鬱なときは体の動きが遅くなります。感情は、すぐ表情や態度に出るのです。

さらに行動に出るくらいに強い反応もあります。反応に無自覚だからこそ、止められません。怒りにまかせて、罵《ののし》ったり、殴りかかったりという物騒なことをしでかすひともいます。

③反応は繰り返す

また強い反応は持続します。たとえば、外で嫌なことがあると、その不快な感情は、帰宅後も、休日中も、心をざわつかせたりしますね。

いったん「好き」「嫌い」と判断すると、その印象で相手のことを見るようになります。

将来こうなりたい・こうしたいという期待（夢・願望）を持つと、その期待が何十年と続いて、未練や後悔、挫折感やコンプレックスを引きずることもあります。

これらは、最初の強い反応がエネルギーとなって続いているのです。反応は「尾を引く」のです。

このように、強い反応がなんらかの思いにつながって続くことを「結生《けっしょう》」と呼びます。

強い怒りや不安や期待、過去の記憶や思い込みなどは、反応が結生したものです。どれもエネルギーを持って続きます。

ひとの性格はなぜ変わらないように見えるのか？　なぜ過去の出来事を引きずるのか？――カギは結生した反応にあるのです。

イラッ
イライラ
生きるのしんどい
結生したね

④反応は同種の反応を生む

結生した反応は、新しい刺激への「反応パターン」として使われます。反応が前提となって、同種の新しい反応を生み出すのです。

たとえば「八つ当たり」というのがありますね。ほかの理由で怒ってイライラした感情が、関係ないひとに向かうのです。これは怒りという反応が新しい怒りを生んだ例です。

「ついスマホに手が伸びる」のは、すでに結生した「なんとなく反応（妄想）していたいモード」が続いているからです。フワフワと妄想しているから、妄想のエサ（刺激）が欲しくて、つい手が伸びるのです。

いったん結生した反応は、次の反応を呼ぶ――心にはこうした厄介な性質があるのです。

最初の反応が人生を決める

特に人生の早い時期に結生して、のちの反応を生み出す前提として働く反応を「根底反応《こんてい》」と呼ぶことにします。

最初の体験が「楽しかった」というポジティブな反応だと、その反応に基づいて「またやりたい」「これが好き」というポジティブな意欲や感情が生まれます。人生の早い時期に「楽しい」を体験できたひとは、幸運です。

逆に、最初の体験が「嫌い」「つまらない」というネガティブな反応だと、その反応に基づいて「やりたくない」「どうせつまらない」と、ネガティブに反応しやすくなります。

たとえば親に叱られるばかりだった子どもが、「自分はダメな子」と判断すると、それが根底反応になって、以後のネガティブな考えを作り出していきます（「自分は価値がない」「どうせ失敗する」「自分の人生こんなもの」……）。

また、親に怯《おび》えや警戒心を向けたことがきっかけで、他人を信頼できない、疑い深い性格になることもあります。

ネガティブな性格（〈思い込み〉に当たります）の背後には、ネガティブにならざるをえなかった根底反応があるのです。

悩みの正体がわかった！

さあ、悩みが生まれるしくみが明らかになりました。①欲求に駆られて、②刺激に触れて反応して、③その反応を結生させて、繰り返して、④いつのまにか居心地の悪い（不快な）気分になっている。どう片づけていいかわからない――それが〝悩み〟です。

たとえば、仕事でミスをしたとしましょう。

「ミスをした（ガーン）」というショック＝ネガティブな強い反応が生まれます（以下、カッコは心の中の反応）。

（私はなんでいっつもこう……）とネガティブな思い込みを結生させて、自分を攻撃し始めます。と同時に結生した不快感が、怒り・ストレスとなって溜まっていきます（眉間のシワ、顔面蒼白も結生です）。

（この仕事、向いてないかも）（私ってこの仕事失格？）と自分につっこみ始めます（ネガティブな思い込み）。

（職場のひとに白い目で見られている？）（私、今笑われてる？）とネガティブな妄想がむくむくと湧き上がります。

落ち込んで（結生を引きずって）、家に帰ります。道の途中、今日の失敗の光景（記憶）がアタマから離れません。失敗してしまったという動揺（激しい反応）、自己嫌悪（自分への不快感）、笑われた？　失格？　挽回の可能性は？　私ってどうしていつもこう……という歯止めのかからない妄想に支配された状態が続きます。

布団に入っても（穴があったら入りたい、いっそのことやめちゃえば？　でもやめてどうすんの？）――とぐるぐるループに落ちていきます。

休日に入っても、タメ息が出ます。（月曜が恐い、体が重たい、休もうかな、でも行かなきゃ）……とモヤモヤを引きずりながら、翌朝仕事へと向かいます。

消えない悩みとは、こうしたネガティブの連鎖反応です。止まらない。整理できない。アタマはぐちゃぐちゃのしっちゃかめっちゃか――こうして言葉にするだけでも、つらく聞こえますよね。

だからこそ「お片づけ」しちゃおうというのです。

だからこそイッキにお片づけ

悩みにハマった状態は、我流では抜け出せません。反応は瞬時に生まれるし、結生したエネルギーは強力です。いくら考えても、答えは出ません。そもそも自己流で解決できるくらいなら、悩みませんよね。

だからブッダの手を借りて、お片づけを始めるのです。

最初の手順は、まず分けてみること――〈期待〉と〈怒り〉と、現実と衝突する〈思い込み〉。

さらに、確信が持てない〈迷い〉と、現実から離れる一方の〈妄想〉――。

もしイライラ、モヤモヤと気が晴れない場面に遭遇したら、「今の気分は、五つのラベルで分けると、どれに当たるかな?」と考えてみるのです。

すでに学んだ「悩みが生まれるしくみ」を考えれば、こうした思いの裏には、欲求があり、なんらかのきっかけ（刺激）があり、結生してしまった反応があるのだろうなとわかりますね。とすれば、

①欲求に気づく。
②刺激を止める。
③なるべく反応しない。
④結生した反応を洗い流す。
⑤それでも残る反応は、ラベルごとの解決策（考え方）で片づける。

という方針が出てきます。

次の章では、①から④＋⑤の手順に沿って、「実際にこう片づけよう」という具体的な方法を明らかにしていきます。

どこで止めるか
とめどなき欲求
ホメられたい
みてみて♡
ミスして叱られる
がーん
いろいろ
やってしまった
なんでボクは…
向いてないかも
今頃相手はなんて?
穴があったら
冬眠したい

第3章 悩みを片づけるための4つの手順

〈ステップ1〉欲求に気づく――欲求はほどほどに

まずは、欲求に気づけるようになりましょう。欲求については、「ほどほどならOK」です。悩んだときだけ、お片づけすればよいのです。

つまり、おいしいものを食べたいとか（感楽欲）、たっぷり眠りたいとか（睡眠欲）とか、異性と仲良く（イチャイチャ？）したいといった欲求です。ラクをしたいという思い（怠惰欲）も、欲としては自然です（人間だもの）。ひとに認められたいという承認欲も、ヤル気（モチベーション）につながります。

ほどほどの欲求さえ退治（禁欲）しようというのは、修行僧の世界です。ビルマ（現ミャンマー）やタイなどで本気で修行するお坊さんは、二百二十七もの戒律を守って、世俗の刺激をシャットアウトして、昼も夜も、何カ月も何年も瞑想修行に励みます。結婚なんてもってのほか、テレビやインターネットも禁止です。異性と目をあわせることさえ許されません。

「そんな人生、楽しいのかな？」と思いますよね。楽しいはずがありません。こういう物好きな（？）世界は、ごく一部のひとたちにお任せすればいいのです。

日常を悩むことなく生きたいだけなら、過度に禁欲する必要はありません。楽しいことは楽しんで、つらい悩みだけ上手にお片づけできれば、ハッピーに過ごせます。

欲求は「ほどほどに」、そして悩みをもたらす反応だけ減らすことをめざしましょう。減らすには、次の三つを心がけます――。

〈ステップ2〉刺激を止める——近づかない

心は刺激に触れると、すぐ反応してしまいます。そして結生して、イライラ、モヤモヤ状態に突入して、あっという間に悩みを作り出します。

だからできれば、最初から刺激を受けないことです。「君子、危うきに近寄らず」です。

たとえば、嫌い・苦手なひとが近くにいたら、なるべく見ないようにします。愚痴や悪口などが聞こえてきたら、聞こえないように遠くに行きます。

ちなみに、わざわざ嫌いなひとを目で追いかけて、思い出して、積極的に気分を害するひとがいますね（まじまじと見て不機嫌そうな顔をしているひと）。こうしたひとは、反応することを選んでいるのです。

でも「反応すると、すぐ結生する」という心の性質を思い出してください。結生すると、尾を引きます。なるべく反応しないこと、刺激を遠ざけることが、結局は一番賢いのです。

そこで、「刺激に触れたらどうなるか？」を、あらかじめ考えましょう。

スマホ、ネット、テレビ、ゲーム……「これに触れたら（一度手を伸ばしたら）、心はどうなってしまうだろう？」と、最初に考えるようにするのです。

「すぐ結生するだろうな、イライラするだろうな」「自分の性格が悪くなっちゃうな」と思ったら、目を向けないように頑張るのです。

ちなみに、海外の修行僧は、朝の六時から七時くらいの間だけ、街に出て托《たく》鉢《はっ》します。昼は刺激が多いし、ネオンきらめく夜は、もはや煩悩まみれの地獄だからです。しかも外出するときは、ミノ虫みたいに衣《ころも》で身を丸めて、うつむいて速足で歩きます。

私が日本に帰ってきて驚いたのは、電車の隣の席に若い女性が平気で座ってくることでした（海外ではありえません）。

しかもタンクトップや、太ももむき出しのパンツなど、かなりまぶしい格好です。ドキドキしました。中学生のドキドキではなく、戒律（ルール）違反じゃないかというドキドキです。

〈ステップ3〉なるべく反応しない

刺激に触れても「反応しない」ように頑張ることが、次の手です。

「反応しないぞ」と言葉で念じるだけでも、意外に効果があります。

また、いざ反応してしまったとしても、「今、反応しているぞ」「これは反応だ」「結生させないようにしよう」と努めるだけでも、それ以上の反応をおさえることができます。

反応をおさえるコツを二つ紹介します。一つは、「心の目をそらす」こと。もう一つは、「反応パターンを決めておく」というものです。

①心の目をそらす

心の目をそらすとは、気（意識）をそらすことです。仏教では、意識のことを「心の目」（心眼）と表現するのです。

たとえば誰かにお説教されているときに、心の目（気）をそらせて、内心口笛を吹いているかのように、聞こえないフリをするとか。

騒音が気になったときに、イヤホンで音楽を聴くとか、手のひらで耳を塞《ふさ》ぐ（手のひらで耳を軽くたたいて音が入ってこないようにする）とか。

こうして「真に受けない」ようにするのです。

コツは、意識（心の目）を向ける対象を切り替えることです。

たとえば、上司の小言を聞くふりをしつつ、「今日は晴れだな」とか「夕飯どうしようかな」と考える。お腹の呼吸を「吸う」を一、「吐く」を二と数えて、どこまで数えられるかチャレンジする――。

なるべく刺激に触れない、反応しない〝ゲーム〟だと思ってください。

ケンカ中の家族と顔をあわせても、（何か見えている）とだけ意識して、素通りします（口に出さないでくださいね）。

とにかく、意識して「意識を向けない」（視界に入れない）ようにするのです。

②反応パターンを決めておく

もう一つは、反応のしかたをパターン化してしまう（いくつかの言葉に限定する）ことです。

上司の小言や苦手なひととの話が始まったら、（聞こえている）（言っていることはわかる）というパターン化された言葉で処理します。

相手に返す言葉も、パターン化します。「わかります」とだけ返す。

タイミングを見て、「ではどうすればよいでしょうか？」「じゃ、こうしますね」と返す。

「聞こえている」「わかります」「どうすれば？」「こうします」。それ以外の言葉は使いません（考えない）。

世の中、いろんなひとがいますよね。いちいち反応していたら、身が持ちません。ここはあえて単純に「パターンでかわす」テクニックを磨きましょう。

あらかじめ使う言葉を決めておくのです。

パターンで返す（かわす）
きこえている
わかります
ではこうします

〈ステップ4〉結生した反応を洗い流す——結生させない

それでも反応してしまった場合にそなえて、「引きずらない」（結生させない）工夫もしましょう。

①〈と言葉〉で止める

小説や演劇の脚本で「と、主人公はつぶやいた」という言葉を見たことがありますよね。いわゆる「と書き」。心の動きを客観視するための言葉です。

自分の反応についても、「と思った」「と感じた」と言葉をくっつけて、最初の反応を客観化しましょう。さながら本の中の登場人物であるかのように、自分の反応を外からながめるのです。

たとえば、仕事で失敗して落ち込んだときは、

「ミスした——と私は思った」

「私は失格だ——という思いが湧いてきた」

「この仕事は向いていない、やめようかな――と考えた」

怒りを感じたときは、

「（イライラ）――してきた」「アタマに血が上るのが、わかった」「胸がざわつくのを○○（自分の名前）は感じていた」

といった感じです。

イヤな過去を思い出したときは、

「――と記憶がよみがえってきた」

「――という妄想が今湧いた。過去という妄想である」

「○○（自分の名前）の心は、ときおり妄想に覆われることがある」

みたいな言葉をつなげます。


小説家のように表現に凝ってもよいですが、凝りすぎると悩みが増えかねないので、ここでもパターン化するようにします。単純が一番です。

その工夫が、五つのラベルです。

「これは、あのひとへの〈期待〉」

「腹が立ったけれど、これは私の〝こうでなければ〟という〈思い込み〉」

と、さっそく五つのラベルで片づけてしまうのです。

②いつも自分を観察する

一般に言われる「冷静なひと」とは、状況を客観的に観察できるひとを言います。反応しないようにしようと思えば、日頃から客観的に観察するクセを身につけることです。

そのために実践するのが、「自分中継」です。さながらライブ中継するアナウンサーのように、自分の日常を観察して言葉にするのです。


「今、目覚ましが鳴りました。かなり眠いです。二度寝します」

「今、通勤中です。時間が気になっています」

「今、私は遅刻しつつあります」「ほぼ遅刻確定です」

「今、私は叱られています」「肩身が狭いのを感じています」

「今、私は落ち込んでいます」

こうして自分の姿を観察（ライブ中継）します。落ち込まずにすむ気がしてこないでしょうか。

③ひとに気づいてもらう

こうした工夫は、ひとに頼むこともできます。

友だちや家族に、「私の姿に〈と言葉〉をつけてね」と頼むのです。

あなたがネガティブ反応に入って、愚痴や妄想を始めたら、周囲のひとは、「と思っている」「と妄想している」とつっこんであげます（仲のよいひとに頼んでください。「あんたに言われたくない」と反応しては無意味です）。

〈と言葉〉は、「そうなんだよねえ」と自分も納得できる、すなおな言葉が理想です。シンプルに行きましょう。

ひとはつい、期待や思い込みや怒りなどの反応に乗っ取られてしまいます。

すぐさま悩みのドツボにハマってしまうのです。

そうした展開を避けるために、徹底して「自分を客観的に見る」工夫をするのです。

結果的に、心に余裕が生まれます。そこから「では、どうすればいいかな?」「どう進めていこうかな?」と考えていくのです。

使用上の注意

なお、〈と言葉〉を使うのは、反応にハマらないため、結生させないためです。

だから、ポジティブな気分のとき、ヤル気がみなぎっているときは、使う必要はありません。

「プロポーズするぞ!——と思っている」

「合格するぞ!——と盛り上がっている」

「プレゼン、成功させるぞ!——と熱くなっている」

とくっつけては、白けるだけです。こういう使い方は、野暮というものです。くっつけるのは、ネガティブ反応だけでOKです。緊張したり、腹が立ったり、心に余裕がなくなったときに、「観察モード」に切り替えるのです。

仕事も遊びも勉強も、やるなら熱くなってください。まっすぐに。

大事なときは、集中と気合いです！

反応を洗い流すための〈禅エクササイズ〉

それでも反応してしまったら、「反応しちゃってるなあ」と気づいてください。〈期待〉も〈思い込み〉も〈怒り〉も〈迷い〉も〈妄想〉も、こんがらかった反応です。そのままでは、心が軽くなりません。いい解決策も見えません。

そこで、いったん反応を流しましょう。こまめに「心に水を流す」のです。

そのために実践するのが、〈禅エクササイズ〉です。

禅とは、海外の仏教国では〝ヴィパッサナー瞑想〟と呼ばれます。わかりやすく言うと、心の反応を観察することで、それ以上の反応を止めて消していく修行法です。

「心を観る」ことに特殊な環境はいりません。通勤・通学途中の歩いている間や、電車の中、椅子に座りながらでも、可能です。

①歩く〈禅エクササイズ〉

まず、目的地までを「歩く」ことにします。

言葉は二つだけ――「右（右足）」「左（左足）」です。

右足を前に踏み出すときは、心の中で「右（右足）」と言葉にします。

左足を踏み出すときには、心で「左（左足）」と言葉にします。

足の動き、特に足の裏の感覚に意識を集中させて、「右（右足）」「左（左足）」と確認しながら、歩きます。

ゆっくりでも、速足でもかまいません。

そのあいだ「どれだけ足の動きに集中できるか」にチャレンジします。アタマで何かを考えたら、それは雑念（妄想）です。

最初は、雑念にアタマが簡単に乗っ取られます。いつのまにか雑念に気が取られていたら、その状態に気づいて、また足の動きに意識を戻してください。

「モヤったときは歩く（禅エクササイズ）」と覚えておきましょう。

・千歩カウントしてみる

歩く禅エクササイズは、自分にどれくらいの「心の体力」（集中・注意・持続する力）があるかをチェックすることにも使えます。

外で、一歩ごとに一を数えて、「千歩」まで歩くのです。注意力が弱いと、たいてい途中で雑念に気を取られて、何歩、歩いたのかわからなくなります。刺激に弱い（反応しやすい）ままだと、見るもの・聞くものにすぐ反応して、数を忘れます（犬に吠えられて忘れ、着信音が鳴って忘れ……）。数えることさえ続かない心なら、反応に流されるのも当然です。

まずは「千歩しっかり数えられるようになる」ことをめざしましょう。

・歩くにつれて心は落ち着く

歩いているうちに、雑念でぐるぐる回っていた心が、徐々に静まっていきます。足の感覚がどんどん鋭く、近く感じられるようになります。

歩き終わる頃には、心が静まりかえって、澄明な感覚になっています。どんな作業にも集中できます。雑念・悩みのない心が、どれだけスッキリと気持ちよいか。ぜひ体験してください。

②電車内の〈禅エクササイズ〉

電車内でも、反応を洗い流せます。

ただ立つだけです。足の裏に意識をあわせます。電車が移動するにつれて、重心が移動しますね。足にかかる重みが変わります。

その微妙な体の揺れに「気づく」だけです。緻密に、繊細に——。

言葉は「揺れている」のひとことだけ。それ以外の言葉は雑念です。

どれだけ雑念を思い浮かべずに、体の揺れ、足の重みに意識を集中できるかのトレーニングです。

③座る〈禅エクササイズ〉

座る動作も、反応を洗い流すエクササイズに使えます。いわゆる座禅です。仕事の合間や、家事が一段落ついたときに、チャレンジしてみましょう。あぐらをかく必要はありません。椅子に座っても可能です。

時間は、一分でも十分でもかまいません。もっとも、効果をあげるには、それなりの時間が必要です。

ちなみに、禅寺の坐禅は四十分、ビルマ（現ミャンマー）などでは一時間が基本です。それを一日に十セット以上やります（つまり十時間以上――やっぱり物好きですね）。

椅子に座って、目をつむります。

鼻先か、お腹に意識を集中します。

「吸う」「吐く」という二つの言葉だけを使って、呼吸を観察します。

意識を一点に集めることで、雑念は浮かびにくくなります。

雑念が浮かんだら、「雑念」（妄想）と気づいて、呼吸にもう一度意識を集中します。

時間が経ったら、目を開きます。心がスッキリしたか確認してください。

スッキリした状態で、目の前の作業に無心で取りかかることが、ベストです。

まだどんよりしていたら、「まだ妄想で汚れているな」と自覚します。時間があれば延長して、また呼吸に戻ります。

まずやってみる

歩いているときも、電車の中でも、携帯をいじったり、音楽を聴いたりしているひとが今は多い様子です。

もちろん、そういう時間もあってよいのですが、刺激に反応すると、それだけで心は汚れます。妄想が増えて、どんよりしてしまうのです。

特に怒りや妄想を刺激するメディアの情報を浴びると、心は確実に汚れます。反応して消耗します。しかも終わりがありません。

こうして元気をなくした心に、仕事や人間関係をめぐる悩みがのしかかってくるのです。しんどくなるのも、当然ですよね。

だから「心に水を流す」のです。まず刺激を遠ざける、なるべく反応しない（結生させない・尾を引かない）。そして、反応を洗い流す禅エクササイズに移ります。

このエクササイズを、「どれくらいの頻度でやればいいですか？」と聞かれることがあります。「思い出したときにやってみる」「モヤったときに歩く」が、基本。「仕事に出かけるとき」「夜寝る前」とルーティンを決めてもＯＫです。

時間は、十五分、三十分、一時間――ここは自分で決めてください。

ただし、「しんどくなるくらい」長めに取り組むことを、お勧めします。ラク（時間が短い）ということは、まだ反応が残っている可能性が高いからです。

かつて「やっても効果がありません」と言ってきた女性がいました。時間を聞いたら、「一分くらいです」（そりゃあなた……）。

日頃反応しまくり・妄想まみれだけに、心の汚れに比例して時間を延ばすことが理想です。

特に悩みがちな性格のひとは、悩むクセ（ネガティブ反応のクセ）がついています。そのクセを、アタマだけで考えて解決することはできません。

「クセがついたアタマから離れる」しかないのです。ならば、考えずに歩くだけ、体の感覚に耳を澄ませるだけです。ハラを決めてください。

とにかくやる！
ハラ決める

みんな悩まなくていいことに悩んでいる？

このエクササイズをやっていて、ふと考えることがあります。

私たちはいったい何に悩んでいるのか？――ということです。

ひとはただ立っている。歩いている。それだけなのに、アタマはネガティブな反応で一杯です。

食べているだけなのに、悩んでいる。トイレに入っている時間も、悩んでいる。寝るだけなのに、不機嫌や憂鬱を抱え込んでいる。

よくよく考えてみると、おかしな姿です。

私たちは、ただ生きている。ただ息をしている。

そのありのままの姿で、なぜ「ＯＫ！」と言えないのでしょう？

シンプルに呼吸し、シンプルに歩き、シンプルに立つ——そのときは、それでヨシとする。そこから一歩踏み出す（やる）。

それこそが、人生の基本形ではないでしょうか。

悩みは、アタマが作り出した反応です。その反応は、隣にいるひとには見えません。つまり幻です。

他人に見えないのなら、自分だって見なければいいのです。消せるものは、消していい。片づけて、スッキリしちゃえば、解決です。

ひとは、簡単なことを難しく考えすぎているのかもしれません。

反応しなくていいし、引きずらなくていいことを、わざわざ作り出して、勝手に悩んでいるのかもしれません。

なぜ？——気づかないから。自覚していないからです。

ここまでにお伝えした片づけ方は、「なくていい」悩みを文字通り「ない」状態に変えてしまう究極の方法です。

「あるようでないもの、ないのにあるものって、なんだ?」

答えは「悩み」です。

人生のどこかで「ナゾ解き」を完成させたいものです。

「あれ、私、悩んでないじゃん!」と、ふと気づく瞬間が、きっと来ます。

第4章 ラベルごとの悩みから抜け出す方法

期待・思い込み・怒り・迷い・妄想をきれいに片づける

ラベルごとの片づけ方

さて、消えない悩みのお片づけも、かなり前に進みました。

とりあえず、〈五つのラベル〉で整理する。悩みを〝元から断つ〟ために、刺激に触れない。反応しない（頑張る！）。反応してしまったら、早めに解消する（禅エクササイズ）。

それでも残る悩みがあります。期待・思い込み・怒り・迷い・妄想とラベルを貼ったまま残っている悩み——。

これらについては、「考え方」を切り替えることで、解決しましょう。

すでにお伝えしたとおり、ひとの心はネガティブな反応を生み出すクセがあります。そのクセを自覚して、反応を止めて、「エイヤ」と考え方をスイッチ

〈切り替え〉できれば、悩みのループ（行ったり来たり）を抜け出せます。

たとえば「これは〈期待〉だ」とわかったら、「期待については、こう考えればよかったな」と思い出して、心を整えるのです。

本書を最後まで読み進めれば、あら不思議——あんなに散らかっていた悩みが、「一つのこと」（生き方）でスッキリ片づいたことに気づくはずです。

期待ゆえの悩みを片づける方法

まず〈期待〉の切り替え方から行きましょう——。

「こうなりたい」「こうしてほしい」という期待が募ると、悩みも増えますね。予想を裏切る現実に動揺したり（ガーン）、相手のツレない態度に落ち込んでしまったり（ズーン）。

それでも期待を捨てきれずに、あれこれ作戦を練って墓穴を掘ることもあります。

期待に執着するほど、無理が生じるのです。身に覚えはないでしょうか。

「思い通りにいかないな。ストレスを感じているな」と自覚したら、「これは〈期待〉だ」とラベルを貼りましょう。

そして「えっと、期待については、どう考えればよかったんだっけ？」と考えます。次に紹介する基本を思い出してください――。

①期待は妄想

〈期待〉の正体は何でしょうか？

試しに「今、食べたいもの」を想像してください。「アレが食べたい」と夢をふくらませて、隣のひとを見つめて「おごってくれないかな」と期待して（念を送って）みてください。おごれ、おごれ、おごれ……。

伝わりますか？　伝わるはずがありませんね。

ところが、ふだんの私たちは、こういう変わったことをしているのです。

こうしてほしい、きっとこうなるはず――その期待に沿わない現実に、不満を覚えるのです。

「なんでおごってくれないの！（プンプン）」

こういう笑うほかない期待を、いつも外に向けているのです。

自分がどんなに願っても、隣のひとにさえ見えない。届かない。だとしたら、期待の正体は？――もう一つ、ラベルを貼れますね。そう、〈妄想〉です。

②妄想は他人には見えない

期待とは都合のいい妄想なのです。

妄想は、自分のアタマにしかありません。他人には見えません。

だとしたら、どうするか。答えは決まっています。

伝えること――それしかありません。だって、そのままでは妄想ですから！

伝え方にもコツがあります。「あくまでこれは、自分の思い（妄想）でしかない（他人には届かない）」ことを、忘れないようにするのです。つまり、

「これは、私の願い（期待）に過ぎないのですが」と最初に伝えたうえで、

「こうなってくれたら、嬉しいです」

「こうしたいと思っています」

「こうしてもらえないでしょうか」

過去については、「こうなっていたらよかったと思います（今となってはしかたありません）」と伝えることになります。

③届けばラッキーと心得る

期待（妄想）を伝えることができたとしても、それに応えてくれるかは、相手次第です。

「ヤだ」と相手が言えば、その時点で、いったん終了です。「なぜですか？」と聞くくらいは可能です。でも相手の思いは相手のもの。最終的には「そうですか」と受け止めるしかありません。

相手のツレない程度にヘソを曲げたり怒ったりするなら、まだ〈期待〉にと

られているのです。「フリダシに戻る」ということです（ラベルをぺたり）。

ちなみに、人間に腹が立つのは、なまじっか言葉が通じるだけに、「伝わる」と思い込んでしまうからです。もし相手が犬や猫なら、通じないことはわかりきっているので、腹も立ちません。

「もっときれいに食べなさい！」「わん！」

「わがまま言うんじゃありません！」「にゃん！」

「しかたないなあ」で終わるしかありません……。

きっと人間同士も、そうなのです。

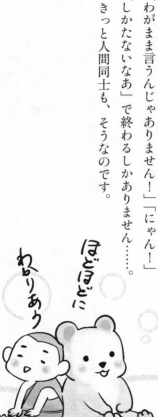

④未来は妄想と知る

ひとに向ける期待もあれば、未来に向ける期待もあります。

「来年こそ結婚したい」とか「第一志望校、絶対合格」とか——これも、結局は妄想です（すみません）。

「将来、こうなりたい、こうしたい」という願いについては、二種類に分かれます。つまり、

①自分の努力次第で確実に実現できるもの。

②自分だけではうまくいかないもの（不確定要素が入ってくるもの）。

たとえば、どこかを訪れたいと思えば、旅費を用意するか、いっそ歩き続ければ、いずれ確実にたどり着きます。「後一年は今の仕事を頑張るぞ」「週に一度はコレをやるぞ」「ダイエットするぞ」というのも、自分さえ努力すれば、ほぼ確実に達成できます。

でも他人への期待は、「ヤだ」と言われたら終わりです。「試験に受かりたい」も、ほかの受験生がもっといい点数を取れば、かないません。「宝くじの一等賞を当てたい」も運次第。「長生きしたい」も不確実。いつ病気になるか、事故に遭うかなんて、わかりません。

「未来は期待できないことのほうが、圧倒的に多い」

それが真実なのです。

⑤自分にできることをやる

未来とは、確実にできることと、不確実なこと（めぐりあわせ）の二つでできているのです。だから「何があれば実現できるかな？」と考えて、できることを増やしていくしかありません。

食べたい物があれば、お金を持ってお店に行くか、食材をそろえて自分で作るか。「自分にできること」をそろえれば、ほぼ確実に実現できますね。

こういう期待は、「やろうと思えば、確実にできる」ものです。後は実行あるのみです。

他方、「自分だけではそろわない」ものもあります。「好きなあのひとと食事に行きたい」という願いは、相手がＯＫと言ってくれなければ、実現できませんね。

こういう「自分一人ではどうにもならない」部分については、〝願う〟しかありません。

ただし、この場合の願いは、仏教では〈期待〉とは呼びません。〝誓願《せいがん》〟といいます。

「願いがかないますように」（かなってほしいな、でもわからないな）という思いです。期待より「薄め」の願望です。

たとえば目的地をめざして歩きながら、「方角はこっちだったな」「このまま行けば、たどり着くはず」「近づいている」「たどり着いたらいいな」と想うことです。

歩きながら、「たどり着けない今」に不満を感じることはありません。

なぜかと言えば、「確実にできることがわかっているから」「今の自分にできることをやっているから」です。

「あそこまで行けたらいいな」と願いつつ、今できることをやる。その充実感に心地よさを感じる――これが一番楽しい状態です。

つまり、未来に期待をかけるとすれば、①自分に確実にできることを頑張って、②結果はあえて見ない（不確実要素も入ってくるから）という心がけになります。

未来への願いに〈期待〉というラベルを貼ったら、この二つに分けてください。不安や焦りといった悩みが片づくはずです。

⑥相手のためにできることをやる

では、特定の誰かへの期待については、どうでしょうか。

「あのひとに、こうしてほしい」「こんな関係を持ちたい」という願いを持ったときは？——そのままでは、届かない、報われない不満が生じかねません。

大事なことは、「相手（あのひと）のために何ができるだろう？」と考えることです。

まずは、相手がどんな人生を生きているか、どんな生活をしているかを想像すること。相手が何を望んでいるかを考えてみること。

そうして見えてくる「あのひとのため」になりそうなことを、してあげる。

それが、相手と関わるための基本です。

このとき、自分の側の〈期待〉は入ってきません。こちらの期待は、それだけなら妄想です。その妄想に相手が応えてくれるとは限りません。

自分と相手とは、まったく違う人生を生きているのだから、期待に応えてくれなくてもしかたないのです。「せめて自分にできることは?」と考えてみることは、どうしても必要なのです。

仏教では、相手のためを思う気持ちを〝慈《いつく》しみ〟と表現します。

ことごとく期待が裏切られて、何一つ相手に伝わらない状況になったときに、最後にせめて向けるとしたら〝慈しみ〟ということになります。

ひとに何か期待を向けるなら、最初に考えるべきは、「このひとのために何ができるだろう?」なのです。

もしあなたが、誰かに期待を向けて不満を感じたときは、

「届かなくてもしかたない」

「(そのひとのために)自分は何ができるだろう?」

という思いが残るということです(もちろんイヤな相手に無理して何かをしてあげる必要はありません。「何もできないな」で気持ちにケリをつけることになります)。

承認欲はほどほどに

悩みが生まれるしくみのところで、「最初に欲求ありき」と知りましたよね。中でも「認められたい」という承認欲は、要注意です。これがあると、ひとへの期待を引きずってしまいます。

愛されたい、認められたい、評価されたい、褒められたい、尊敬されたい、自分がいいことをしている、自分はすごいぞ、エライぞと思わせたい——。心はどうしても「自分を他人に認めてもらいたい」という欲求で一杯になりがちです。

承認欲が旺盛だからこそ、自分を相手によく見せようという〈期待〉が強くなります。「わからせたい」と思ってしまいます。

期待通りに褒めてもらえないと、相手のことが嫌いになる。落ち込む。

褒められたい一心で、自分を着飾って、大きく見せようとする。

見栄やプライドで、心はガチガチ、内心ヘトヘトに疲れている、というひとは、大勢います。

承認欲は「ほどほど」なら、「褒めてもらえるように頑張ろう」という前向きなモチベーション（張り合い・生きがい）になりえます。

でも過剰になると、悩みを増やします。

承認欲を引きずって、ひとに期待してストレスを抱え続けるか、承認欲を「ほどほどに」活かすのか。人生は、この二つに分かれます。

理想は、承認欲を〝卒業する〟ことです。ひとは、子どもの頃は大人に褒められて喜びますが、大人になって、親ともなれば、子どもを褒めてあげる側に回りますよね。「やってあげる」ことに喜びを感じるようになります。

つまり満足とは、心の持ち方次第ということです。相手のためにできることをやる。そんな自分に満足を得る。

そんな自分に変わることも可能です。

現実に不満を感じたら、「これは〈期待〉をふくらませすぎだ」と気づきましょう。そして、①相手のために何ができるかを考える。②今の自分にできることをやる――それだけで満足できるように、心を切り替えていくのです。

期待
かなわぬ…

自分に、できることをやる

思い込みゆえの悩みを片づける

次は〈思い込み〉の片づけ方です。
思い込むとは、自分の思いに入れ込むこと。
「自分はこう思う。こう考える。これが正しい」と結論づけることです。
自分の思いが正しいと信じているのですから、その後のパターンは三つです。

①自分の思いを押しつけようとする。
②自分と異なる意見や考えに、怒りを感じる。
③自分の考えや行動（やっていること）が正しいと思い続ける。

思い込みは軋轢を生む

ひとには必ず「自分はこう思う」という意見や感想があります。
そのこと自体はよいのですが、困るのは、自分が正しいと思うことを、周囲に押しつけ、巻き込み、自分の思い通りにしようと頑張ってしまうことです。

こうしたひとは、自分の立場を利用して、他人に自分の思いを強制・命令したり、干渉したりします。思いを通すために難癖・クレームをつけたり、不機嫌になったり、感情的に非難することもあります。

本人は、自分が正しいと思っているので、ひとの意見は聞きません。

こうしたひとが、上司や家族にいると、周りのひとが苦労します。

思い込みも妄想でしかない

そこまで「わがまま」になれないひとも、思い込みにハマることはよくあります。

この場面はこうすべきだと思って、今の状況に不満を持つ。

思いが通じない相手に腹が立つ。嫌いになる。

考えてみれば、「うまくいかなかった過去」（未練や後悔）も、「うまくいったはず」という思い込みがあるから生まれるのです。

「きっと失敗する」と将来を悲観したり不安に思ったりするのも、思い込みかもしれません。

「どうせ私はダメな人間、ひとより劣っている」という思いも、思い込みです。他人には見えないからです。

もしあなたが犬を飼っていたら、「どうせ私なんて」という思い込みを全開にして近づいてみてください。目を輝かせて、しっぽを振ってくれるはずです。

そう、あなたのコンプレックスは、犬には見えません。「ない」のです。

ということは？——もうおわかりですよね。

そう、思い込みも〈妄想〉なのです。

他人の思い込みに悩まない

つまり、自分であれ、他人であれ、「こう思う」「こうあるべき」という思い込みは、それだけなら、ただの妄想ということです。

となると、他人が向けてくる思い込みへの向き合い方も、見えてきます。

つまり、聞く耳を持たない上司、悪口や嫉妬の言葉を向けてくる誰か、露骨な上から目線のイヤなひと、歳を取るごとにワガママになる親などに向けていいのは、

「このひとは、こういう妄想を持っているんだな」

ということです。

「妄想するのは、あなたの自由だけど、それを押しつけられても困ります」

というのが、こちらの正しい態度です。

「できることはやりますが、できないことはできません。ご了解ください」

と返すことになります。

相手の思い込み（妄想）に返すべきは、自分にできるかできないか。

「それは無理です（できません）」と明るく返すことで解決してよいのです。

「でも断ると不機嫌になるんです」というひとには、「そんなん知らんし」という関西弁を勧めます。「それは私の関知するところではありません」という意味です。「はあ？」（何言ってんの？）もＯＫです。

相手が思い込みにこだわってヘソを曲げても、それは向こうの問題です。

「どうぞご自由に」（しかたありません）です。

気をつけたいのは、こちらも相手に〈期待〉を向けてしまうことです。

ご機嫌を取ろうとか、好かれようとか。すると押しつけられるストレスと、断りきれない〈期待〉が入り混じって、悩みが生まれます。

〈期待〉のラベルは、「今の自分にできること」で置き換えましたね。これ一つで片づけてください。

それ以上の期待は、ただの妄想です。モヤモヤしたら、〈禅エクササイズ〉で洗い流してください（忘れた、忘れた……）。

自分の思い込みで苦しまない方法

今度は、自分の思い込みを片づけましょう。

思い込みが悩みを生むのは、①外の現実と衝突してストレスを生むか、②みずからにネガティブな思い込みを向けて、自分から苦しんでしまうときです。

①の思い込みは、すでに片づけ方を学びました。妄想と気づいて、禅エクササイズに努めることです。

②の〝自分へのネガティブな思い込み〟には、次のようなものがあります。

○「自分には価値がない」（自己否定感が強い）

○「どうせ失敗するにちがいない」「将来が不安」

○「過去にこんな失敗をしたから、もう立ち直れない（自分に絶望）」

ネガティブな思い込みは、放っておくと、次のネガティブを運んできます。

一度失敗すると、「また失敗するのでは」「きっとそういう運命なんだ」と思い込んでしまいます。

コンプレックスを抱え込むと、他人が話しているのを見るだけで「笑われているのでは」「見下されているのでは」と想像してしまいます。

ネガティブな思い込みは連鎖するのです。

厳しい（恐い・口うるさい）親に育てられると、「言いたいのに言えない」性格になることもあります。「こんなことを言ったら叱られる」と思い込んでしまうのです。

過去に経験した〝ダメ出し〟（大人による禁止や失敗）が結生して、何をするにも、「ダメ」と自分に禁止令を出して、何もできなくなってしまうひともいます。これも思い込みです。

ネガティブな思い込みは、強烈なクセです。そのままでは治りません。

かといって治すことが不可能かと言えば、そんなことはありません。

①ネガティブなひとから離れること。
②「これは思い込みだ」と自覚すること。
③妄想を片づける練習（禅エクササイズ）をすること。
④ポジティブな考え方に（少しずつ）置き換えていくこと。

この四つのステップで解決できます。

もしあなたの周りに、口うるさかったり、恐かったり、あれをするな、これはダメと過剰に口出ししてきたり、愚痴が多かったり、「どうせ私なんて」と被害者ぶったり、思い通りにならないと不機嫌な顔をしたり——と、ネガティブな思い込みで固まったひとがいたら、肉親であれ、伴侶であれ、仕事仲間であれ、友人であれ、なるべく距離を置くことです。

もし相手がネガティブを押しつけてきたら、「そんなん知らんし」（できることしかできまへん）という関西弁で斬って捨ててください。

心は影響されやすいのです。ネガティブな思い込みを発散してくるひとのそばにいると、こちらもネガティブになってしまいます。

そのうえで、自分の中のネガティブを自覚することです。

自覚するには〝振り返り〟が効きます。その出来事の後、または一日の終わりに「あのとき、自分はこう思ったけど、あれは〈思い込み〉だったな」と確認するのです。

それだけで治るの？　と思うかもしれませんが、治ります。というのも、過去の自分を振り返って、そのときの反応を自覚すると、その後の新しい反応（思い込み）に気づきやすくなるからです。

痛みや発作を止める薬がありますよね。〝振り返り〟は、思い込みを止める薬だと思ってください。

「あのとき、こう考えてしまったな（しまった！）」と落ち込むのではなく、「あのときの思いは〈思い込み〉だったな」と気づくことをめざすのです。

気づいたら、それ以上に思い悩むのではなく、禅エクササイズに切り替えます。思い込み、つまり妄想をリセットするのです。

そのうえでどんな考え方に切り替えるか。この本の最後に出てきます。

ポジティブな思い込みは大事にしよう

他方、ポジティブな思い込みもあります。

ポジティブとは、①快（喜び・楽しさ）を感じること、②否定しない（だからこそストレスがない）ことです。

「私にはきっとできる」という思いは、ポジティブ。

「こうなったらいいな。そのために頑張ろう」も、ポジティブです。

こういうポジティブな思い込みを、世の中では、希望、楽観、信念といった言葉で表現します。

こうした思い込みは幸せにつながるので、大事にしましょう。


もしポジティブな思い込みが過剰になって、焦りや不安やストレスをもたらすに至ったら？――そのときは〈期待〉のラベルを貼ってください。

そして「今の自分にできること」に切り替えるのです（ラベルの使い方、片づけ方が見えてきたかもしれません）。

うまくいく思い込みは問題ナシ

思い込みには、「これはこうあるべきだ」「あのひとはこうすべきだ」という判断もあります。この判断（ジャッジメント）を他人に押しつけることが、〝裁く〟ことです。

ひとを裁くと嫌われます。と同時に、思い通りにならない現実に腹が立って、怒りが生まれます。どのような判断（こうあるべき）も、それだけなら妄想でしかないことを、覚えておきましょう。

正しい判断とは、「うまくいく」判断です。相手が受け入れてくれる。仕事が捗《はかど》る。前に進む。そうした判断なら正解です。

その一方、相手を苦しめたり、関係が悪化したりするような判断は、自分がどんなに正しいと思い込んでも、やっぱり正しくないのです。

「うまくいくならヨシ。うまくいかないなら、ただの妄想」

と覚えておきましょう。ただの妄想はいったん流すことです（禅エクササイズ、開始！）。

うりゃー
おかしい
こうあるべき
ぜったい
ボクが正しい
禅歩く
思い込み

怒りゆえの悩みを片づける方法

〈怒り〉のラベルを貼った感情も、片づけてしまいましょう。

怒りが悩みになるのは、単純に「そのままでは気持ち悪い（不快だ）から」です。

イラッとしたときも、ムカついたときも、怒り心頭で息苦しくなったときも、まずは「この感情は〈怒り〉だ」とラベルを貼ってください。

どこから湧いたかを考える

そのうえで、こう考えましょう――

「この怒りは、どこから来たのだろう？」

原因は何？　と考えるのです。原因は、大きく二つに分けることができます。

一つは、外からの刺激――苦手な人がそばにいるとか、心ない言葉を浴びたとか、不運な出来事に遭遇したとか。

こういう場合は、すでにお伝えしたとおり、「刺激から遠ざかる」ことが基本です。

イヤなひとから遠ざかる。その場所から離れる。とにかく距離を置くこと。なるべく「かわす」こと。

そして胸に残った（結生した）怒りの感情は、禅エクササイズで洗い流します。深く呼吸する。歩き続ける。消えてなくなるまで、歩いてください。過去の出来事は、忘れることが基本です。気合を入れて忘れてしまいましょう。

これは、親との決別とか、仕事を辞める、離婚する、失恋するといった場面でも同じです。

渦中にいるときは、つらいもの。でも、離れて、忘れる――その道筋をまっすぐ進むのみです。

「忘れた」を、おまじないの言葉だと思って繰り返してください。忘れることを〝生きがい〟（人生の目標）にしてください。

自分はなぜ怒っている？　を考える

もう一つの怒りの原因は、自分自身です。
〝悩みが生まれるしくみ〟で触れたとおり、反応の奥には、欲求があります。
特に、相手に認めさせたい・認められたいという承認欲です。
この承認欲は、次のような思いをもたらします。

○できれば相手を怒らせたくない（ご機嫌を取りたい）。
○嫌われたくない。
○相手にあわせる（応じる）ことで相手に好かれたい。

こうした思いに引きずられると、「相手の言い分にも一理あるのだろう」とか「きっと自分が未熟だから」「自分が悪いんだ」といった、新たな妄想を作り出します。

もしかしたら、相手が傲慢だったり自己中心的《ジコチュー》だったりして、相手が百パーセント悪いかもしれないのに、「私が努力すれば、自分が変われば」と思ってしまうのです。

なお「相手が百パーセント悪い」というのは、こちらが相手のリクエストに百パーセント応えても、こちらがいくら変わっても、相手は満足しない・変わらない場合を言います。

相手が、求めすぎ、思い込みや怒りのカタマリ、身勝手で傲慢な性格である場合は、いくらこちらが変わっても、仮にこちらが姿を消しても、相手はまったく変わりません。

そういう場合は、「百パーセント相手が悪い」のです。

こうなると、相手という刺激（相手の存在そのものが毒です）から離れるしかありません。それが〝元から断つ〟ということです。

ところが、こちらに中途半端な欲求（承認欲）や期待があると、「相手が悪い」と思えなくなります。認められたい、嫌われたくない、期待をかなえたいという思いに引きずられて、相手という刺激を遠ざけられなくなるのです。

そのときは自分の中の〈期待〉に気づいてください。その奥には、承認欲が隠れているかもしれません。

〈期待〉というラベルについては、すでに片づけ方を学びましたね。

そう、「今の自分に、できることをやる」ことです。

それ以外は、妄想です。妄想に気づいて、禅エクササイズで心を洗ってください。そうやって自分自身を解放してあげるのです。

「期待ゆえに、しがみついていたんだな。だから悩んでいたんだ」と、思えるようになるはずです。

まとめると、〈怒り〉のラベルを貼って、「なぜ？」を考えて、外から刺激を受けて怒っているなら、離れること。

自分の側の「なぜ？」を考えて、もし期待や承認欲があるなら、

「今の自分にできることは何だろう？」

「本当にできることだろうか（もう限界ではないか）」

と考えること。

「できない」と思ったら、離れること。期待という名の妄想を流すことに全力を尽くすことです。

禅エクササイズの実践版

とはいえ、怒りは次から次にやってきます。腹が立つことは、日常茶飯事。気持ちを切り替えるにも、多少の時間は必要です。

そこで怒りを素早く流すコツを、いくつかまとめておきましょう。

①目を開いて「忘れた！」
基本は、すでに紹介した〈禅エクササイズ〉です。
目をつむり、心の状態を見つめる。「怒り（怒りを感じている）」と気づく。
そのまま、一分、十分と、時間を決めて、深呼吸する。
お腹のふくらみを「一」、ちぢみを「二」と数えて、百、千と数えます。

歩いて、「右」「左」、あるいは、一から千まで数えることも可能です。

そして、ぱっちりと目を開いて、「忘れた！」と言葉にしてください。

思い出しても、しようがないことは、いさぎよく忘れることです。

どんな怒りも、反応に過ぎません。刺激を遠ざけて、「忘れた」とつぶやいていれば、いずれ必ず消えていきます。

②手を握る、開く

怒りを感じたら、「まだ怒りが残っている」と気づいてください。

そして、こぶしを握り締めます。怒りの感情を込めて、握ります。握れるだけ握り続けてかまいません。

怒り続けることは、こぶしを握り締め続けることと同じだと思ってください。いつまで握れますか。さすがにしんどいですよね。

どこかでほどいて、ラクになるしかありません。

そこで「手放す」と念じて（言葉にして）、手から力を抜きます。抜けるところまで抜いてください。抜ききってください。

力を抜いた手のひらが、怒りのない心の象徴だと思ってください。

力を抜いて、ゆるゆると自由な状態を保つ。そうして怒りのない心を取り戻す。これを基本にすえましょう。

③元気をチャージする

もう一つのコツは、いっそ楽しいことに心を向けることです。

怒りが続くのは、同じ刺激に心を向けるからです。イヤな相手か、腹の立つ刺激か。こうしたものから心を逸《そ》らせば（別のものに心を向ければ）、怒りは消えていきます。

だから、怒りを刺激するものではなく、真逆の楽しいことにあえて心を向けるのです。たとえば、

○楽しいこと・好きなことに時間を使う。
○仲の良い人たちと時間を過ごす。
○あえて休む。遊びの時間を作る。

特に「休みを取る」という発想は大事です。怒りを感じた出来事をずっと思い出したり、〈期待〉にしがみついて無理したり、何かを責めたりしても、怒

りは片づいてくれません。

腹が立つのは、しかたない。でも腹を立てても、事態は変わらないことでしょう。

そんなときは、休むことです。文字通り休暇を取るとか、休日は無理せずにたっぷり寝るとか。

〈怒り〉のラベルを貼ったら、怒り以外の方角を見るようにしましょう。楽しい時間を過ごすか、無理せずに自分を休ませてあげるか。そうして元気をチャージするのです。

手放す

最後に、大事な真実を確認しておきましょう。

怒りは、いずれ手放すしかありません。

ぎゅっと手を握り締めたまま一生過ごすのは、無理です。

怒りを握り締めて過ごすより、自由になった手で、新しい体験をするほうが、はるかに価値を持つはずです。

いつまでも怒り続けることは無理――ならば、問題は、いつ手放すかです。

怒り続ける心に、新しいものは入ってきません。つまり怒りを抱え続けることに意味はない。手放すなら早いほうがいいということです。

怒りは、早めに手放すが勝ち――。

だから、禅エクササイズをして、心をゆるめて、心を新たにして、また歩き出すのです。

忘れた、忘れた、忘れた――と念じながら、歩き続けましょう。

坊のこばなし　ルンビニーの星空

ネパールのルンビニーは、ブッダ生誕の地で、仏教徒の巡礼地の一つです。出家してインドで暮らしていた頃、ルンビニーの瞑想道場に滞在しました。

あるイタリアの中年女性は、家族四人を交通事故で失くして、ほぼノイローゼ状態で来ていました。

「どうしても、過去のことが忘れられない。気が狂いそうになる」と言います。

目は深いクマに沈んでいます。いつ倒れてもおかしくなさそうな力ない姿で、一日中〈歩く瞑想〉をしていました。

愛する人を失った感情を、ひとは悲しみと呼びます。

悲しみの正体は、怒りです。

過去の出来事がどうしても受け入れられないという思いは、行き場のない怒りを生みます。その怒りは、どこにも向けることができません。神さまに聞いても答えてくれません。

悲しみが深ければ深いほど、痛みは増し、その怒りは、自分の全身をむしばんでゆきます。

そのイタリア女性にとって、家族を失ったことは、深すぎる悲しみ・怒りでした。

その苦悩からなんとか抜け出そうとして、はるばるネパールまで来て、もう半年近く瞑想していました。

「どうして？」といくら考えても答えの出ない悩みに対して、彼女は、ブッダの瞑想法を最後の希望として選んだのです。

この女性の喪失は、誰も言葉にできません。

深い悲しみを手放すことができるのかは、誰にもわかりません。

手放すことがいいことかどうかも、誰も何も言えません。

ただ、失ったという事実が変わらないのだとしたら、残された希望は、

愛する人たちと過ごしたかけがえのない時間を思い出せること。

あの頃は幸せだったと思えること――なのかもしれません。

その可能性は、まだ残されています。

その瞑想道場は、ネパール高地の森に包まれていました。

夜は真っ暗闇です。瞑想を終えて外に出ると、銀河が、手の届きそうな近さで満天に広がっています。

いつか、怒りや悲しみを手放して、星の輝きをそのまま感じ取れますように――。

どんなに難しくても、その可能性を求めて生きることが、尊く正しい生き方なのでしょう。

迷いゆえの悩みを片づける方法

次に片づけるのは、〈迷い〉のラベルです。

迷いとは、これでいいと確信できない心境――満たされない。踏み出せない。どちらか選べない。選んでも正解と思えない。そして妄想の中でぐるぐる回っている状態です。

大事なことは、確信できるかどうかを問わず、「今の自分」に変わりはないことです。自分は今生きている。生活している。仕事がある。家庭がある――その事実は変わらないのに、心の中で「でも」「これでいいのかな」という声がするのです。

「このままでいいのかな」と思うけれど、「でも」と思って、現状に留《とど》まってしまう。

「どちらかを選ばなければ」と思っても、「でも」とためらってしまう。

「選んだはず」なのに、「でも（やっぱりあっちのほうがよかったかも）と考えてしまう。

つまり、迷いとは、「今の自分」と、それを打ち消す「でも」が入り混じった精神状態です。

とすると、「でも」の正体を明らかにする必要があります。

「でも」というネガティブは、大きく二種類に分かれます。

○ネガティブな現実――お金がないとか、体力が続かないとか、能力的に無理とか、環境・状況が許してくれないなどの客観的な制約。

○ネガティブな思い込み――こうしたいという欲求・意欲、さらに「今の自分」を「でも、やっぱり、どうせ」と否定してしまう思い。

このうち、ネガティブな思い込みについては、すでに片づけ方を学びましたね。「でも」と考えてしまうのは、心のクセ。ネガティブな妄想。

ひとにとっては、幼い頃から叱られてばかりで、「どうせ自分はダメ、何もできない」と思い込んだかもしれないし、過去の挫折や失敗を引きずって（その出来事を記憶として結生させて）、「どうせまた失敗する」と思い込んだのかもしれません。

いずれにせよ、こうした「でも」は、自分が作り出すネガティブな思い込みです。思い込みは妄想――だから、〈妄想〉といったんラベルを貼って、〈禅エクササイズ〉を頑張って、妄想を少しずつ消していくことになります。

その途中で大事になるフレーズ（決まり文句）は、

「これって、自分の思い込み（妄想）かもしれない」

「自分はそう思ってしまっているけど、本当にそうなのか？」

と自分に問うことです。

自分にとって、どれほどその「でも」が、説得力を持って聞こえるとしても、客観的には、ただの妄想かもしれないのです。

「妄想かもしれない」と思える（発想できる）ことが、きわめて大事。

そして、妄想（でも）を洗い流す禅エクササイズを重ねながら、

「客観的な制約（ネガティブな現実）って何だろう？」

「そんなもの、本当にあるのだろうか？」

と考えていくのです。

とりあえず「今できること」

先ほど、「でも」には二種類あるとお伝えしましたね。

もし「でも」が、自分の思い込みに過ぎないとしたら（思い込みだと気づけたら）、その「でも」は、単純な妄想です。流せば、「今の自分」だけが残ります。その自分は、「でも」のない、やりたいことができる自由な自分です。

それでもなお残る可能性があるのは、〝ネガティブな現実〟（客観的制約）です。

となると次の問いは、「ネガティブな現実」をどう解決するか。

これも、二つに分かれます。

一つは、解決できる現実。

もう一つは、解決できない現実です。

お金や住んでいる場所、その相手と関わるかどうかといった問題は、自分の努力次第で解決できるかもしれません。

頑張って稼ぐとか、引っ越すとか、えいやと縁を切るとか。

解決できる現実を邪魔しているのは、自分の「でも」という妄想のみ。だから妄想を消しつつ、「このネガティブな現実をどう解決しようか、どう行動しようか、いつ行動に移そうか」と考えながら、「今の自分にできること」をやっていけば、いずれネガティブな現実は解消します。


その一方、解決できない現実もあります。

一般的な暮らしをしているひとが、大富豪のような贅沢をすることは無理だし、普通のルックスのひとが、美女やイケメンのように異性にもてようとしても、無理ですよね。

「こうしたかった、こうなりたかった」と願っても、どうしてもかなわないことは、いくらでもあります。みんな、そうです。

そういう現実に対しては、〈期待〉というラベルを貼りましょう。

そう、期待も妄想です。「今の自分にできること」だけが現実です。「どうしたって無理」なことは、どうひっくり返しても、妄想でしかないのです。

つまり、手放すしかありません。

「こうなってくれたら」という期待・願望を手放せば、「解決できない現実」は、「解決しなくていい現実」に代わります。

「しかたないや」と思えれば、こっちの現実は卒業です。

過去の後悔や挫折、失敗、未練、あのひとへの期待、自分の人生への願望——今からでもなんとかなる（できる）ことは、なんとかしましょう（この後考えます）。

でも、なんともならない過去、どうしようもない現実は、もはや食いついても（いくら妄想しても）、無理なのです。

無理な妄想は、手放すこと。

そして、今からできることを、精一杯頑張るのです。

かっこいい黒クマになりたかったよ
過去
夢
あこがれ
妄想
白くまベスト
をめざそ！
…

あれもこれもを手放す

迷いには、欲張りすぎることから来る迷いもありました。

「あれも、これも欲しい。どちらかを選ぶことができない」という迷いです。

若い頃なら、いろんな仕事をしたいと夢を見ます。

「なりたいものがたくさんあって選べない」みたいな、贅沢な悩みを語るひともいます。

異性にモテる幸運に恵まれたひとは（その時期はえてして短く、儚《はかな》いものですが）、「あのひとも、このひとも、私を好きでいてくれて、選べない」なんて嬉しそうに悩んで（？）いたりします。

こういう悩んでいるのか自慢しているのかわからないひとは、ただ見守ってあげればよいのですが、「あれもこれも」という欲張りが過ぎると、時間ばかり過ぎて、何も手に入らないということも起こります。

こういう欲張り系の迷いを抜けるには、二つ必要です。すなわち、

①「あれもこれも」という妄想が消えていくのを待つ――時が過ぎて（歳を取って？）、現実が見えてくるのを待つ。
②今の自分にできることが、唯一残る真実である――ことに目覚める。

やはり「今の自分にできること」に戻ることになるのです。

冷静に考えてみると、人生は一度きり、アタマは一つ、体も一つです。

しかも、過ぎた時間は帰ってきません。どんなに「あれもしたいな、これもいいな」と思っても、それだけなら、ただ妄想して過ごしているだけです。

過ぎた時間の中の「あれもこれも」を、後で思い出して、それだけで満足できるひとは、たぶんいません。

「あの頃は幸せだったなあ」と思えたとしても、「だから今も幸せ」と思わせてくれるわけではありません。

「今は今で幸せ」であることが、やっぱり一番大事なのです。

今幸せを感じるには、何が必要か――「今の自分にできること」を選ぶことです。「あれもこれも」から、「これ一つ」を選ぶこと。

その一つを体験して、形にして、育てて、その延長に感じる「今が幸せ」こそが、一番の幸せなのです。

「あれもこれも」という欲張り系の妄想を片づけるには、「今の自分にできること」を始めることなのです。

「妄想ぐるぐる」に要注意

なお、妄想ばかり繰り広げて、自問自答を繰り返し、あっちに行ったり、こっちに来たりという「妄想ぐるぐる」状態にも、要注意です。

この状態は、「今できること」が希薄になって、「どうしようかな、どうしたらいいかな」と、テキトーに妄想することで生じます。

学校や仕事を辞めて、自分の部屋に閉じこもってしまったり、「でも」という思い込みにつかまってしまったり。

アタマの中では、「どうしようかな?」と多少考えても、はるかに多い妄想に翻弄されて、前に踏み出せない状態です。

しかも心は厄介なもので、踏み留まることを利用して、遊びやラクに逃げることもあります。ゲームや動画などで時間を潰してしまいます。怠惰欲・感楽欲に引きずられてしまうのです。

心は、前に進まないことを望むところがあります。妄想しているほうがラクだし、快もあるから、あれこれと妄想を作って、その中に留まってしまうのです。

「先のことはわからない（わからないから、進みたくない）」

「自分が何をしたいのかわからない」

「自分が何に向いているのかわからない」

「確実に成功する保証があれば、やるけど、そうでなければやらない」

「前に進めないのは、過去のせい、親のせい、あのひとのせい」

「どうせ自分には無理なんだ」

こうした思いは、すべて妄想に当たります。

「妄想ぐるぐる」状態にハマってしまうと、どっちを見ても、自分の妄想しか見えません。その妄想が真実のように思えます。

こうなると、いくら時間が過ぎても、どこにも進めないことになりかねません。

こうした迷いを抜け出すには――？

「考えてもしようがない。妄想していても答えは出ない」

と目を醒ますしかありません。

〝妄想ぐるぐる〟を抜け出す出口は、一つです。

「今の自分にできることをやる」ことです。

理想は、何か作業を始めること。なんでもよいのです。散歩でも、買い物でも、掃除でも、趣味や習い事でも、かまいません。

仕事ならば、何か一つやってみる。働いてみることです。

「やりたいこと」がわからなくてもいいのです。「今の自分にできること」から始めること。そうしてはじめて、自分に向いているか、好きか嫌いかも見えてきます。

妄想に留まるか、何か一つ始めてみるか。

一歩踏み出す――今の自分にできることを行動に移すことで、さまざまな可能性が開けます。新しい体験もできるし、意外な楽しさも入ってきます。

「やってみないと、わからない」

「やってみれば、何かが始まる」

そうした思いに立ってみると、〝妄想ぐるぐる〟から抜け出せます。

「今まで何をしていたんだろう」と不思議に思うくらいに、人生が変わります。

止まっていた時間が、進み始めるのです。

残る怒りは「理由」を考える

逃げたくても逃げ出せないという迷いには、〈怒り〉（苦痛）が隠れています。

怒りは、解消するか、怒りの原因となっているひと・場所から離れるかです。

怒りを抜け出すための行動（今の自分にできること）に出るのです。

もっとも、抜け出せないことも、起こります。

「怒り（苦痛）はあるけど、お金のため、仕事のため、生活のため、子どものため、しかたない」――そう思わざるをえないときは、こう考えてください。

「私は、このため（理由・利益のため）に、この怒りを引き受けよう」

そう思えたら、迷いではなく、自分の選択ということになります。

ちゃんとした理由があって怒りを引き受けるなら、それは立派な生き方です。

怒りに呑まれるのではなく、「私は、このために、ここにいる」と自覚してください。そんな自分を誇りに思うことです。

今見える快をめざす

もう一つ、迷いを抜け出すうえで大事なのは、「どうなったら、自分は快を感じるか？」を想像してみることです。

快とは、喜びや楽しさ、希望、貢献、感謝、好意などのポジティブな感情です。

今の悩みが、過剰な〈期待〉や、「でも」という〈思い込み〉や〈迷い〉だとしても、そうした反応に邪魔されずに、その向こうにある快（喜び）を想像してみてください。

「どんな自分になれたら、幸せだろうか」と考えてみるのです。

「今の状況を抜け出せれば、幸せになれる」

と思うなら、「今の自分にできること」を始めましょう。

「こうなったら楽しいだろうな」という将来（結果・成果）が見えたら、そこに近づくために「今の自分にできること」を頑張ります。

未来に快を見て、今できることを行動に移す。

それが、迷いを抜け出す究極の答えです。

みらいに快
できることから
やってみる

妄想ゆえの悩みを片づける方法

最後に残るのは、〈妄想〉ゆえの悩みの片づけ方です。
ただ、ここまでたどり着いたあなたは、すでに気づいているかもしれません。
実は、妄想ゆえの悩みは、ここまでにお伝えした片づけ方で、ぜんぶ解消できます。

①ただの妄想は〈禅エクササイズ〉で洗い流す（実践あるのみ）。
②「今の自分にできること」をやる。

この二つです。人生そのものが、この二つで片づきます。
「今の自分にできること」には、二つ種類があります。
一つは、仕事や生活など、できるし、しなければいけないこと。これは務めであり、義務と言えるものです。

ただ、「しなければ」と考えると、しんどくなります。しんどくなったら、「思い込み」とラベルを貼って、「これは妄想だ」と割り切ってください。

「できるし、しなければいけない」を、単純な「今できること」に戻してしまうのです。

やらなければいけないことは、単純に「できること」と割り切って、淡々とやりましょう。

ていねいに。着実に。欲張らずに――。

なすべきことをやり終えたら、「よく頑張りました」と、素直に自分を褒めてあげましょう（自分中継・自己確認です）。

日々は、シンプルでよいのです。

もう一つのできることは、自分がやりたいこと、「できたらいいな、楽しいな」と思えることです。

「やりたい」は意欲や抱負。「できたらいいな」は、前向きな希望。「楽しいな」は、想像したときに感じる喜び（快の感情）です。

こうしたポジティブな思いが湧いたら、「やってみたい、やってみよう」というラベルを貼ります。次に「できること」を行動に移します。「今すぐ」が無理なら、「今できること」から「次にやること」を並べて、段取り・予定を立てましょう。

そして「やってみたい」「できたらいいな」を、将来の希望として胸に取っておきましょう。

途中に湧いてくる「でも」も、迷いも、ただの妄想です。怒りとあわせて、流してしまいましょう。

思い出して怒りがよみがえるというなら、過去（記憶）という妄想に反応しているのです。

「過去という〈妄想〉に反応して〈怒り〉が湧いている」と気づいてください。

怒りも妄想も、禅エクササイズで片づけましょう。

となると、最後に〝理想の生き方〟が残ります。

「やりたい→やろう→やっている」

という生き方です。

「やりたい」（やってみたい）という意欲と希望。

「やろう」という決断。

そして、「今の自分にできること」を行動に移すことです。

やりたい、やろう、やっている――で人生を回すこと。これが最後に残る快適な生き方の決定版です。

人生は シンプル

以上が〈五つのラベル〉で整理した悩みの片づけ方です。

心地悪い心の状態に気づく。ラベルを貼る。

自分の欲求、特に承認欲に気づく。刺激を遠ざける。

反応しないように努める。ネガティブな反応（怒り・思い込み・妄想）を洗い流す。

そして「やりたい、やろう、やっている」で毎日を組み立てる。

ここまで来て見えてくる最大の発見は、「すべての悩みは、妄想とつながっている」ことかもしれません。

期待も妄想、思い込みも妄想、引きずる怒りも妄想（記憶への反応）、迷いも妄想、その他あらゆる妄想が妄想！

つまりは、こう言えるのです。


妄想に勝つ者は、すべての悩みに打ち勝つ！

どんなに複雑で根の深い悩みも、ブッダの智慧を活かせば、消せないものはありません。

本書の方法を活かして、ぜひ消えない悩みを片づけてください。

早めに「スッキリ！」してしまいましょう。

あとがき　ブッダの教えをもっとオープンに

なかなか消えない悩みを片づける——それが、この本のテーマです。

「悩みって捉えどころがなかったけど、方法はあるものなんだな」と感じてくれたら、嬉しく思います。

本書の内容は、ブッダの思考法（いわゆる仏教）に基づいています。

といっても、伝統仏教そのままではなく、二千五百年の歴史を擁する仏教思想の中から、悩みを解決する方法・原理を拾い出して、現代風にアレンジしたものです。

仏教は、幸福への知恵の宝庫です。しかし、その知恵がフルに活かされているとは言えない現状があります。「よくわからない」というのが、一般の人の仏教へのイメージでしょう。

ざっくばらんに私は、「わからないものには意味がない。必要がない」という立場でいます。今日《こんにち》残るどの仏教の伝統も、それがそのままブッダの教えであるとも思っていません。

誰かが説く「仏教」を前提にすると、自分にとっての真実（解決策）が見えなくなります。

現実の問題を見すえ、私たちのリアルな人生を出発点にすえて、はじめて本当に役立つ知恵・方法が見えてくる。そうした思考の先に、ブッダの教えの本質も明らかになる――そういう立場でいます。

なぜここまで割り切るに至ったかと言えば、自分自身の体験があります。

出家前の私には、この国のあり方への疑問がありました。

インドで出家して、現地の人々が、今なおカースト差別に苦しんでいる現実を知りました。

ビルマ（現ミャンマー）に渡ると、軍事政権の横暴に怯え、貧困の中で息を潜めるように生きている人たちがいました。

スリランカでは、政治的混乱に加え、「最上位カーストしか長老になれない」という仏教内部の差別がありました。

タイの人々もまた、「来世」に望みをつなぎながら、貧困と抑圧に耐えて生きていました。

「どの国にも、本当のブッダの教えなどない」というのが、結論だったのです。

失望のうちに戻ってきた日本においても、問題が山積みでした。モノは豊富だし安全だけれど、はみ出すことは許されない。窮屈で喜びの乏しい社会。そして三月のあの出来事（東日本大震災）――。

はたして仏教は、役に立ったのか？

このような現実を見て、こう考えるに至ったのです。

「どのような宗教・信仰であれ、現実の問題を改善できないもの、ひとを苦しみに留めるものは、必要がない」と。

私たちには、幸福への方法を選ぶ自由があります。

生きるのは自分であり、幸も不幸も受け止めなければいけないのは、ほかの誰でもなく、自分自身だからです。

だからこそ「これが真理」「これこそが神さま・仏さま・お釈迦さまの教え」という誰の言葉をも、鵜呑《うの》みにする必要はありません。

仏教もまた、現実の問題にあわせて、その活かし方を工夫していくべきです。最初に空を飛んだのがアメリカ人のライト兄弟だからといって、パイロットは英語を話さなくてはいけないとか、飛行機は二枚翼でプロペラを回さなければいけないとか、誰も考えませんよね。

ところが、仏教の世界では、伝統や宗派が選んだ古い教義・しきたりにとらわれてしまうのです。

それが、ひとの幸福に本当に役立つならば、いい。

しかし役に立たないなら、それは真理とは関係ない部分です。変えてよいのです。

ライト兄弟が空を飛ぶ方法を教えてくれたなら、それを使って、ジェット機やロケットを発明して、もっと広い空を飛べばいい。

ブッダが幸せを得る方法を教えてくれたなら、それを私たちの現実に活かして、もっと幸福な人生、幸福な社会を作ればいい。

それこそが、すべての人間にとっての正しい道です。

私は愚直に、まっすぐに、ブッダが教えてくれた道を生きてゆくつもりです。

願わくば、あなたも、ブッダの智慧に触れて、その苦しみ・悩みを越えてください。

幸せにたどり着けたなら、それこそが最高の答えです。

二〇一一年八月

白雲撫でる新宿の夏空の下で

草薙　龍瞬

追記　あの頃を振り返って想うこと——復刻版にあたって

最後まで読んでくださって、ありがとうございます。

この本は、二〇一一年八月に出版された『悩んで動けない人が一歩踏み出せる方法』の復刻版です。この本は、日本での私のデビュー作に当たります。読み返すと、いろんな思いが湧いてきます。ブッダの教えの本質を伝えるという立場は、今に至るまで一貫しています。自分らしさ（言葉の選び方）も変わっていません。

その一方で、これまでの歳月の中で、いろんな人たちと出会ったこと、運よく、その後多くの作品（といっても多作ではありませんが）を送り出せたことへの感謝の思いが湧いてきます。

著者の私は、どの作品においても毎回「新しいこと」にチャレンジしています。古い作品に執着しないし、焼き直しも出したくない。毎回、新しくて、オリジナルで、その時々の読者に最も価値ある内容をという一心で、一言一句、心の底から書き起こすことにしています。

だから、この作品も本当なら消えていくはずでした。ほとんど売れなかったからです。

その後もう一冊出しましたが、これも鳴かず飛ばずの結果に終わり、本を書くという仕事の話が一切来なくなりました。

これは書き方から勉強し直さねばなるまいと、ある大学の文学部の夜間ゼミに通うことにしました。某作家先生のゼミに入れてもらって、課題図書を読む生活が始まりました。

夜九時過ぎにゼミが終わって、バスに乗って、駅前の喫茶店で終電間際まで小説を読むという日々を過ごしました。目を閉じて、読んだ文章をアタマの中でなぞる（再生する）という作業をやっていました。瞑想の応用です。

これが二十代の若者なら、美しい努力として語ることも可能ですが、このとき私は、すでに四十代に入っていました。学生に混じって報われるかどうかもわからない文章の勉強を始めたのです。

しかも出家です。家族ナシ。仕事と言えるものもナシ。

思い出せる当時の光景は、町はずれの夜のバス停と、薄暗いバスの車内。部屋に戻っても、誰もおらず、テレビもラジオもなく、当時はインターネットを引くお金もなく、完全に独りきりでした。

もし孤独や不安を感じようと思えば、いくらでもできたと思います。でもそうした思いは、一切ありませんでした。

私にとって、静寂――無であること――は、慣れっこだったのです。そもそも十六歳で家出して、一人東京に出てきています。年齢をごまかしてバイトをして、なんとか食いつないでいました。

先生も友だちもいません。自分がどこから来たのか、何歳なのか、知っている人は、世界に一人もいませんでした。

大学に入ったことで、多少、友だちと言える人たちと出会った時期もあります。でも結局、独りに戻ることを選びました。

自分のプライドを守ることを最優先させるような生き方だけは、したくなかったのです。しかし周りは、そうした生き方を望む世界でした。

何をしても、どこに行っても、「これじゃない」という思いがぬぐえない。

世界は、当時の私にには、とても生きづらい場所でした。

三十代半ばで、すべてを捨ててインドに渡って出家——その後も本当は、日本に帰るつもりはありませんでした。

私が幼い頃からずっと考えていたことは、どうすれば、この世界が、ひとが、幸せになれるだろうか？——ということでした。

自分だけが有利な生き方をめざしたら、誰かが犠牲になってしまう。

社会的に優位な仕事に就いてしまったら、誰かの上にあぐらをかくことになる。

誰の上にも立ちたくないし、誰も傷つけたくない。

この世界から苦しみが消えるように、みんなが幸せになれる世の中になるように。その方法はないのか？

言葉にすれば青臭い限りですが、これは自分の性分みたいなもので、幼い頃からどうしても捨てきれませんでした。

しかし答えてくれる声は、どこまで進んでも聞こえてきませんでした。

長い迷いの中にいたのです。

すべての問いに答えてくれたのが、仏教でした。


世界が変わりうる唯一の可能性。

すべてのひとが幸せになれる方法。


この途方もない問いに、仏教は明快に答えてくれました。

想像をはるかに越えて、世界は広かった——というのが、ブッダの教えにたどり着いたときの実感でした。

日本に戻った後も、どこか宛てがあるわけではありません。身を寄せる寺や身内もなし。陳腐な表現になってしまいますが、冷たく真っ黒な音のない宇宙の中を、あてどなくさまよい続けているかのような歳月でした。

世界に何も期待していなかったし、何者になろう（なれる）とも思わない（思えない）――そんな心境に十代の頃から慣れていたからこそ、独りの時間も平気だったし、四十代に入って新たな学びを得る時間を楽しく感じました。

その後さらに月日は過ぎて、自身を取り巻く状況も少なからず変わりました。自分の思いを、本の言葉を通して受け止めてくれる人、生き方を求めて訪ねて来てくれる人たちが、出てきました。

人生が変わった、幸せになれたと知らせてくれる人たちが、今はいます。ようやく、この世界で一つの役割を授かったような気がしています。

デビュー作を出し直すという話をいただいたとき、最初は断るつもりでいました。売れなかったということは、作品として何かが足りないのだろうと思っていたからです。

ただ、読み返してみると、自分で言うのもなんですが、悪くなかったのです。かつての言葉にうなずけるところもあったし、その後の作品とくらべると、語り口が優しいというか、力が抜けているというか、気楽に読めて、悩みを解決する方法も書いてあるように思えたのです。

ただし、手にしてくれる読者のひとたちを思うと、「つねに新しいことを」という主義は貫きたいと感じました。そこで今回は、イラストをみずから手がけることにしました。

絵も文章も、ながめる人（この本を手に取ってくださったあなた）の心が癒やされるように——そんな思いで、もう一度作り直してみました。

ほんの少し心が暖かくなってくれたら、幸いです。

一人の人生には、いろんなことがあります。

不安も、怒りも、悲しみも、未練も、後悔も、現在進行形の悩みも、きっとあることでしょう。

あなただけではありません。

今日すれ違った見知らぬ人も、一生めぐり逢うことのない人たちも。

それでも、人生とは可能性――生きる限りは、可能性があります。

幸せになれる可能性。

悩みや苦しみが消えてなくなる可能性。


今、私は、幸せだ――。


そう思える瞬間は、生きている限り、めぐってくる可能性があるはずです。

大事なことは、その方法――この胸の痛み・悩みをどう癒やすのか。

その方法をブッダに学んで、自分なりに工夫しながら生きてみるのです。
可能性があることを、私は知っている——その心境を〝希望〟と呼びます。
せっかく生まれてきたのです。
希望を胸に生きてゆきましょう。

草薙龍瞬

本書は二〇一一年八月にＷＡＶＥ出版から刊行された
『悩んで動けない人が一歩踏み出せる方法』を加筆・修正したものです。

草薙龍瞬《くさなぎ・りゅうしゅん》

僧侶。興道の里代表。1969年、奈良県生まれ。中学中退後、十六歳で家出、上京。独学で大検（高認）を経て、東京大学法学部卒業。政策シンクタンクほかさまざまな職業を経て、三十代半ばで得度出家。ミャンマー国立仏教大学専修課程修了。タイの僧院に留学。現在、インドで社会改善NGOと幼稚園・小学校を運営するほか、日本では単身で「人の幸福と社会の改善に役立つ合理的な方法としての仏教」を伝える活動をしている。夏の全国行脚や仏教講座、法話と経典朗読を採り入れた法事など独自の活動を展開中。主な著書に『反応しない練習』（KADOKAWA）、『こころを洗う技術』（SBクリエイティブ）、『増補新版　大丈夫、あのブッダも家族に悩んだ』（筑摩書房）、『怒る技法』（マガジンハウス）がある。

ポプラ新書
241
消えない悩みのお片づけ
2023年6月5日 第1刷発行

著者
草薙龍瞬
発行者
千葉 均
編集
村上峻亮
発行所
株式会社 ポプラ社
〒102-8519 東京都千代田区麹町 4-2-6
一般書ホームページ www.webasta.jp
ブックデザイン
鈴木成一デザイン室
印刷・製本
図書印刷株式会社

N.D.C.184/206P/18cm ISBN978-4-591-17814-0

P8201241

生きるとは共に未来を語ること　共に希望を語ること

昭和二十二年、ポプラ社は、戦後の荒廃した東京の焼け跡を目のあたりにし、次の世代の日本を創るべき子どもたちが、ポプラ（白楊）の樹のように、まっすぐにすくすくと成長することを願って、児童図書専門出版社として創業いたしました。

創業以来、すでに六十六年の歳月が経ち、何人たりとも予測できない不透明な世界が出現してしまいました。

この未曾有の混迷と閉塞感におおいつくされた日本の現状を鑑みるにつけ、私どもは出版人としていかなる国家像、いかなる日本人像、そしてグローバル化しボーダレス化した世界的状況の裡で、いかなる人類像を創造しなければならないかという、大命題に応えるべく、強靭な志をもち、共に未来を語り共に希望を語りあえる状況を創ることこそ、私どもに課せられた最大の使命だと考えます。

ポプラ社は創業の原点にもどり、人々がすこやかにすくすくと、生きる喜びを感じられる世界を実現させることに希いと祈りをこめて、ここにポプラ新書を創刊するものです。

未来への挑戦！

平成二十五年　九月吉日　　株式会社ポプラ社